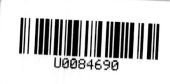

清代第一才子 紀曉嵐

集文學家、編纂家、評論家、詩人於一身的一代文宗。
他的幽默詼諧、機智靈敏軼事、他的圓融智慧、處世應變才華！

智行天下

〔下卷〕

方志野　主編

前言

紀昀，字曉嵐，一字春帆，晚號石雲、觀弈道人，直隸獻縣（今河北省獻縣）人，生於雍正二年（一七二四年），卒於嘉慶十年（一八〇五年）。自三十一歲中進士後，擔任過多次鄉試、會試同考官或正考官，五次出掌都察院，二任禮部尚書，並曾擔任短時間兵部尚書，最後在內閣協辦大學士任上辭世，謚號「文達」。他的一生在事業上最輝煌的時期，是自乾隆三十八年任四庫全書總纂官開始的近二十年時間。

紀曉嵐被後人喻為「清代第一才子」，可見他在文學上的造詣是相當厚實的。雖然是朝廷的大官，但民間卻流傳他無數的詼諧故事，可見他深得人緣、平易近人，是個讓人感到親切的人物。

紀曉嵐身處清朝由盛而衰、由治而亂的過渡時期，以天縱之聰明，在複雜多變的封建官場中，隨機應變，方圓相濟，上得天道，下媚黎民，生前顯赫，死後留芳。他傳奇般的成功就在於他巧妙地將「方圓」與「圓」有機地結合起來，達成了天理與人欲、品德與才華、生活與事業、為學與為官等一系列看似對立的事物之間的高度統一。從方圓的角度看待紀曉嵐的為人處世之道，方可知道——

就人際交往而言，紀曉嵐認爲，一個人與最要好的朋友之間也有對立面，與最仇恨的敵人之間也有依賴面。處理好人際關係，主要就是根據彼此依賴面大還是對立面大，巧妙地把握「方」與「圓」的轉化。

就事業與生活的關係而言，事業宜方，生活宜圓。紀曉嵐認爲，只有自由自在的人生才能快樂無比，也才能最大限度地發揮自己的潛力。恬淡自守、清心寡慾是一高尚的氣節；但過分冷淡避世，就顯得毫無抱負，無法救助世人，報效天下。嘔心瀝血，兢兢業業是一種美好的品德；但過於忙碌苦做，則會喪失人生之樂趣，無法陶冶情操。

就思想與行動的關係而言，思想宜方，行動宜圓。人的思想往往與行動有著很大的距離，思想上考慮成熟的東西有時卻無法轉化爲行動；情感也往往與理智不能和諧，理智上認爲正確的，情感卻執拗地與它相抵觸。紀曉嵐認爲，要解決這種矛盾，就要以行動之「圓」助思想之「方」，要善用高尚的思想提高行動的價值，善用圓滑的行動落實先進的思想。

就天理與人欲的關係而言，紀曉嵐認爲，理就在欲中。宋明理學家的一基本觀念是將天理與人欲視爲對立，要體現天理，就必須排斥人欲。紀曉嵐認爲，這無異於「以理殺人」。「理者，存乎欲者也。」「理者，情之不爽失者也，未有情不得而理得者也。」他主張以情統治理。他不僅僅停留在理論上，而是和魏、晉時的知識分子一樣，把理論在行爲中付諸實踐，其放蕩與曠達，與阮籍、嵇康有神似之處。

就德與才的關係而言，紀曉嵐認爲，應當看其事功。儒家傳統，重德而輕才。司馬光說：「才德全盡，謂之聖人；才德兼亡，謂之愚人。德勝才，謂之君子；才勝德謂之小人。凡取人之術，苟不得聖人、君子而與之，與其得小人，不若得愚人。」曹操心目中「賢」的標準恰與儒家所持者相反，重才不重德。他認爲，有德行者未必能進取，能進取者未必有德行。紀曉嵐認爲：有德行中的偉人，也有功業中的偉人。漢、唐英雄於德行雖有虧，但他們創造了歷史，影響了人類的命運，我們不應忽視其偉大之處。

紀曉嵐是個傳奇的才子，他雖然不是一位具有深邃哲學思維的思想家，也從來沒有創立過文學、哲學或者史學的理論體系，但是他才華橫溢、學富五車。在《四庫全書》編纂中，他以睿智的眼光掃視了中國流淌千年的學術文化長流，並做出了涵蓋經學、哲學、文學和史學等各科領域的規模宏大的理論總結。在清代筆記小說和民間傳說中，紀曉嵐機智、幽默，而且十分正直，一身正氣。他出口成章，妙語連珠，不僅在乾隆皇帝的刁難下對答如流，而且不懼權勢，對和珅之類的奸人冷嘲熱諷。（劉仲華語）

紀曉嵐還是個傳奇式的怪人。他愛吃肉，據說可以「日食肉十數斤」，至於穀物之類幾乎不吃。他特別愛吸菸，煙槍和煙鍋之大，國內無雙，有「紀大煙袋」的綽號。據說他每裝一袋煙，可以從虎坊橋一直吸到圓明園。他還好色，而且性欲超常，「年已八十，猶好色不衰。」（劉仲華語）

本書分爲「機智篇」、「處世篇」兩部，除了詼諧生動的小故事外，也十分有系統地將紀曉嵐一生爲人處世的妙方公諸於各位的面前，所以除了有趣、可看性極高，你也可以從中得到有別於紀曉嵐傳奇之外的新啓示！

目錄

第二章 手段也是一種智慧

——塵世人生本是一場除邪鬥惡的戰爭。鬥，就要玩弄心計。或聲東擊西，假裝瞄準一個目標，心底裡卻暗自瞅準別人不留心的靶子，然後伺機施以致命的打擊；或似乎不經意間流露出自己的心思，騙取他人的注意和信賴，在適當時機突然一反常態、出奇制勝等等。聰明人常常放過對方的第一意圖，以便引出其第二乃至第三意圖。善鬥者總是先知他人別有所圖的心思，再伺機行事。

第三章 懂得生活，才能享受生活……125

——對人來講，生活和事業就像車之兩輪，缺一不可。尤其是文人，更注重生活情調。紀曉嵐的好友戴震認為人生的理想是「遂欲達情」：健全的生活、成功的事業，共同構成幸福的人生。紀曉嵐講求的幸福是「身心之福」，既講濟世情懷，又講生活情調。

——學者經常不屑於做官，認為官場險惡，避之惟恐不及。其實大錯特錯了。紀曉嵐崇尚儒學古老的務實傳統，強調「天道遠，人事邇」，認為「六經」乃是實實在在的經世致用之典籍。他認為，做官與做學問並不矛盾，做學問要方，做官要圓，方圓相濟，方能相得益彰。

第1章

學會看遠一點點

五代時期，馮道是一位相當離奇的人物。他歷事四朝，三入中書。不管主子是沙陀人、西夷人或漢人，也不管他們是創業或守成之主，他都能夠怡然作首相，左右如意。他曾出使契丹，與「戎王」論道而使之心折。他被封公爵五次：魯國公、梁國公、燕國公、秦國公和齊國公。他並非因諛見寵，而是深諳高超的避禍手段。他是歷史上少有的頭腦頂尖之人。紀曉嵐熟讀史書，對馮道的避禍之道甚為推崇。

1 要讓你的錯，留下仍有開脫的餘地

一個人絕對避免犯錯是不可能的，問題是要爲自己的錯，留下仍有開脫罪責的餘地。尤其是在有人想陷害你時，你必須預作準備，使保你的人，特別是上級領導有話可說。

且說紀曉嵐十年含辛茹苦，修成曠古未有的《四庫全書》之後，又在皇上六十歲的千叟宴上爲皇上的宴會增色生輝，於是就在千叟宴這天，皇上降下諭旨，提升他爲都察院左都御史。紀曉嵐高興不迭，上疏恭謝。

清代的都察院是全國的最高監察機構，專司考察官吏，整飭綱常。最高行政長官便是這左都御史一職，從一品。由此可見，乾隆對紀曉嵐的器重確實非同一般。

然而，正所謂「福兮，禍之所倚也。」到了這年四月，出了一件麻煩事兒，叫剛上任不久的左都御史紀曉嵐碰上了。員外郎海升的妻子吳雅氏死於非命，海升的內弟貴寧狀告海升將他的姊姊毆打致死。海升卻說吳雅氏是自縊而亡。案子越鬧越大，難以做出決斷。步軍統領衙門處理不了，交到了刑部。經刑部審理，仍沒有弄出個結果來。原因是吳雅氏之弟貴寧以姊姊並非自縊，不肯畫供。

經刑部奏請皇上，特派大員覆檢。

這個案子本來不大，但由於海升是大學士兼軍機大臣阿桂的親戚，審理的官員怕得罪阿桂，有意包庇，遂判吳雅氏爲自縊，給海升開脫罪責。沒想到貴寧不依不饒，不斷上告，一時轟動了全國，終致驚動了乾隆。這回皇上派左部御史紀曉嵐會同刑部侍郎景祿、杜玉林，帶同御史崇泰、鄭澂和在刑部資深歷久，熟悉刑名的王士棻、慶興等人前去開棺檢驗。

紀曉嵐接了這樁案子，也感到很頭痛。不是他沒有斷案的能力，而是因爲牽扯到阿桂與和珅。他倆都是大學士兼軍機大臣，並且兩人互有矛盾，長期明爭暗鬥。這海升是阿桂的親戚，原判又逢迎阿桂，紀曉嵐敢推翻嗎？而貴寧這邊，告不贏不肯罷休。他何以有如此膽量？實際上是得到和珅的暗中支持。和珅的目的何在？當然是想藉機整掉位居他上頭的軍機首席大臣阿桂。而和珅與紀曉嵐積怨又深，紀曉嵐若是斷案向著阿桂，和珅能不趁勢一塊兒整他一下嗎？怎麼辦？紀曉嵐這時斷案，只有圓滑圓滑了。

打開棺材，紀曉嵐等人一同驗看。看來看去，紀曉嵐看出死屍並沒有縊死的痕跡。他心中明白，口中卻不說，要先看看大家的意見。

景祿、杜玉林、崇泰、鄭澂、王士棻、慶興等人都說脖子上有傷痕，顯然是縊死。這下紀曉嵐有了主意，說道：「我是短視眼，有無傷痕也看不太清，似有也似無。既然諸公看得清楚，就這麼定吧！」

於是，他與差來驗屍的官員一同簽名具奏：「公同檢驗，傷痕實係縊死。」這下更把貴寧激怒了，他這次連步軍統領衙門、刑部、都察院一塊兒告，說因爲海升是阿桂的親戚，這些官員有意迴護，徇私舞弊，斷案不公。

乾隆看貴寧不服，也對案情產生了懷疑，又派侍郎曹文埴、伊齡阿等人覆驗。這回問題出來了。曹文埴等人奏稱，吳雅氏屍身並無縊痕。乾隆心想：這事與阿桂關係很大。便派阿桂、和珅會同刑部堂官及原驗、覆驗堂官一同檢驗。這樣一來，紙裡的火炭包不住了，只能將眞相奏明：吳雅氏被毆致死。

於是訊問海升。海升見再也隱瞞不住，只好供出眞情，是他將吳雅氏毆踢致死，然後製造自縊的假象。

案情完全翻了過來，原驗、覆驗官員幾十人一下兒都倒了楣！

乾隆發出詔諭：「此案原驗、覆驗之堂官竟因海升係阿桂姻親，膽敢有意迴護！此番而不嚴加懲儆，又將何以用人，何以行政耶？」阿桂革職留任，罰俸五年；葉成額、李闊、王士棻、慶興等人革職，發配伊犁效力贖罪。皇上在諭旨中一一判明。

惟獨對於紀曉嵐，乾隆恐怕軍機大臣和珅會藉機報復，便有意開脫，在諭旨中這樣寫道：「朕派出之紀曉嵐本係無用腐儒，原不足具數，況且他於刑名等件素非諳悉，且目係短視，於檢驗時未能詳悉閱看，即以刑部堂官隨同附和，其咎尚有可原，著交部議嚴加論處。」

皇上都原諒了他，那叫別人還說什麼？只給了他革職留任的處分，不久又官復原職。和珅本想藉機把立足未穩的紀曉嵐趕下臺，如今看皇上有意迴護，只好作罷，沒敢挑起什麼事端了。

2 絕不留下「白紙黑字」的證據

證據是官場上互相傾軋的「香餑餑」，誰都想得到對手犯錯的證據。所以，對於自己的所作所爲，一定要小心謹慎。

翰林王介生秉性耿直，不趨炎附勢，且嫉惡如仇。這時期，和珅爲大學士兼任吏部尚書。王介生卻從來不買和珅的賬。紀曉嵐對此很是欣賞。但是，和珅貪財瀆職，凡是不走他門路的人，不要說飛黃騰達，就是有了功名，也弄不到一個實缺。

因此，王介生在翰林院待了十年，也沒有補上一個實位，生活十分清苦。一般同年，早就外放了。只有他一個人，領著很有限的薪俸，養活一家老小，日子拮据難耐。大家雖然同情他，卻愛莫能助，幫不上他的忙。於是有人幫他出了主意，讓他找找紀尚書，或許能有辦法。

王介生把他的苦衷向紀曉嵐說了出來。

紀曉嵐聽後笑道：「這事本也不難，只要你稍彎下腰，到和尚書府上走動走動，就可得到外任的機會。」

王介生面現慍色，說道：「紀大人，多謝您指點迷津！介生生活窘迫，但窮且益堅，不會摧眉折腰趨奉權貴。介生拜望大人，是因您與和珅不同道。既然如此，介生告辭了。」說罷，他站起身來，就要辭別而去。

「且慢！」紀曉嵐示意王介生坐下，「剛才不過是開個玩笑。你的人品大家都清楚。進京十幾年來，未曾做屈節之事，今日要你爲之，你哪做得出來？這事兒有辦法，你放心吧！不出半年，定讓你補一外任。」

接著，他說了一番話，使王介生臉上露出喜悅的笑容。

在和珅生日那一天，紀曉嵐準備了一份壽禮，另外用烏賊肚裡的墨汁，寫了一封短簡，完全模仿王翰林的筆跡和口吻，說自己礙於衣衫不整，未便前去拜壽，謹具薄禮，敬申賀忱。然後打發一個下人，送到和珅府上去。

和珅看了，哈哈大笑道：「這小子終於學乖了！」

不久，王介生果然被任命爲山東學政，對紀曉嵐千恩萬謝，然後高高興興地走馬上任去了。

後來和珅被彈劾，下獄賜死、抄家，凡是跟他有勾結、有過從，經查有據的人，都受到懲罰，但王翰林安然無恙。因爲那封短簡是用烏賊肚裡的墨汁寫的，日子久了，字跡自然就消失了。

話說某年鄉試，翰林王某被任爲順天府鄉試的主考官。紀曉嵐位居顯要，王某有意攀附，行前來到紀府拜望。王某委婉提出，紀尚書家裡此年是否有參加大比的子弟？

其意十分顯明，願意從中做點手腳，幫一下紀氏子弟。這明明是蓄意做弊。換在別人頭上，紀曉嵐準會暗罵一通。但這次輪到自己，他不免動了惻隱之心。他一邊熱情地接待王翰林，一邊暗暗地想著萬無一失的辦法。

歷朝的科舉考試都對作弊行爲防範甚嚴，採取過一些措施。比如唐五代時，試院外牆高一丈五尺，內牆也有一丈高，圍牆周遭都種滿荊棘，所以考場又稱「棘院」。

到了後來，凡入試的考生，都被互相隔離，叫作「棘圍」，防止他們扭身轉項，交頭接耳。金代，考場紀律更爲嚴苛，考生入場前，要進行裸體搜身，讓考生脫去衣服、鞋帽，打開髮結，甚至連鼻孔、耳朵也不放過。金世宗完顏雍即位，覺得對考生脫衣檢查實在有些不雅，不利於金朝籠絡文士的大局，便開設了官辦浴池，令考生脫衣入浴，事後換上統一的服裝入場。這個辦法沿用到金朝終結之時。

到了清朝，順治皇帝曾明令規定：「生儒入場，細加搜檢。如有懷挾片紙隻字者，先於場前枷號一個月，問罪發落；如有請人代試者，代與受代之人一體枷號問罪。」如果搜檢員役係知情容隱者，一律問罪。到康熙末年，對考場作弊的防範更加嚴密。但作弊者仍不乏其人。

乾隆九年，順天鄉試中，第一、二兩場各搜出「懷挾」者二十一人，另有後來被搜出「懷挾」，聞風提前散去者二千多人。乾隆爲了消除作弊現象，對考生施行了更爲嚴苛的手段，規定：帽子不准用雙層，皮衣去面，氈衣去裡，衫袍都用單層，襪用單氈，鞋用薄底，坐具用氈片，卷袋不許裝裡，筆管鏤空，水注用磁，甚至糕餅也要切開。考生入場前要排成一行，魚貫而入，以利搜身。兩人共搜一人，一門、二門各搜一次。二門搜出「懷挾」，其一門之搜檢員役要受到處治。考生進入號房後，立即關門上鎖，再不得出入號房和傳遞茶湯等物。

紀曉嵐曾幾次主持鄉試和會試，對這些規定十分清楚，心想：考生方面，「文章」實在難做，但考官作弊是有些方便之條件的。四川學政朱荃曾一次就賄賣秀才九名，得了一筆銀子。

有個叫李爲棟的人也曾向朱荃行賄，使他的兩個兒子都考中了。安徽歙縣有個叫吳泌的貢生向巡撫行賄，巡撫令他在卷子上做個暗號，果然中舉。但這些作弊行爲當時成功了，事後卻傳了出來，都受到了懲治。紀曉嵐清楚，沒有泄露的肯定大有人在。

王翰林一片誠心，使紀曉嵐十分感激，因爲皇上對作弊行爲的懲治是極其嚴酷的。雍正年間，福建學政俞鴻圖因考場作弊，判腰斬。其後此刑雖除，但作弊的考官還是免不了丟官去爵。紀曉嵐思來想去，想出了一個絕妙的辦法，於是對王翰林笑道：「有勞王大人惦記，多謝多謝！不過，紀氏子弟都不成器，即使有幾個侄孫參加本科大比，我斷定他們不能題名。」

「紀大人過謙了！久聞紀氏子弟個個聰明俊逸，紀大人何出此言？」

「不怕王大人笑話，紀姓這些子侄確實不爭氣，寫個『也』字，連勾都不會挑。」

王翰林也是聰明人，早把這弦外之音記在心裡，又閒談了一陣，便起身告辭。

主考官走後，紀曉嵐立刻修書一封，派人送回老家獻縣崔爾莊，告訴家裡的人，凡是今年趕考的，寫「也」字一律不許挑勾。紀氏子弟依言而行。

大比揭曉，紀氏子弟同科中了七、八個舉人。直到幾十年後，「也」字不挑勾的事才從紀氏後人口中傳出來。紀曉嵐和那年中舉的紀氏子弟此時都已作古了，因而未曾引起什麼風波。

3 不談世事逞英雄

紀曉嵐是無書不讀的一代通儒，但他並不輕易著書，也不保存自己的著作。原因當然很多，但從文人避禍的角度來看，在清乾隆時期，這實是不得已而爲之的高明之舉。

他曾說：「余自早歲即學歌詠，中間奮其意氣，與天下盛流相唱和，頗不欲後人。今年將八十，轉瑟縮不敢著一語，平生吟稿亦不敢自存。蓋閱歷漸深，檢點得意之作，大抵古人所已道，其馳騁自喜，又往往爲古人所呤呵，拈鬚擁被，徒自苦耳。」

這只是原因之一。紀曉嵐平生不著書，還有一個很重要而時人又不便說出的緣由，那就是清代施行殘酷的文字獄政策，他是爲了避免留下禍端而有此舉。

清代順治以來，滿族統治者爲扼制漢族士人反滿思想的滋長，推行殘酷的文字獄政策，曾給漢族知識分子帶來極大的痛苦，也給思想文化的發展造成嚴重的阻礙。縱觀乾隆盛世，經世的妙文沒留下多少，倒是談鬼怪的大家出了不少，蒲松齡是一個，紀曉嵐也是一個。除此之外，就是考據學了。

銳敏的思想家龔自珍就說：清帝「積百年之力，以震蕩摧鋤天下廉恥。」並用「戮心」形容其手段之殘酷：「戮其能憂心，能憤心，能思慮心，能作爲心，能有廉恥心，能無渣滓心。又非一日而戮之，乃以漸，或三歲而戮之，十年而戮之，百年而戮之。」

時人李祖陶也說：「今之文人，一涉筆惟恐觸礙於天下國家……人情望風覘景，畏避太甚。見鱔而以爲蛇，遇鼠而以爲虎，消剛正之氣，長柔媚之風。此於世道人心，實有關係。」

即使在乾隆後期，文網漸弛之後，不少人仍心存餘悸，有臨淵履冰，動輒得咎的精神壓力：「行事之間，動遭蹇難；議論所及，婁叢譏讒。故人舊友，或相告絕。幸爲太平之人，不攖羅網之累。然身心若桎梏，名字若黥劓。」

普通的讀書人尚且如此心驚膽戰，而紀曉嵐親眼目睹了乾隆年間一系列血雨腥風的文字獄案，並在乾隆的指示下親手銷毀了大量文化典籍，不少著名學者被安上「狂吠」、「悖逆」等罪名，甚至遭銼屍抄家之禍，自己如果放膽書寫，會不會遭此劫難呢？還是不寫書爲妙吧！

乾隆年間的士大夫以「不談世事逞英雄」相戒，就是那個時代給士大夫最好的教訓，也是士大夫應對那個時代的「人生技巧」。但「文以載道」，道理往往存於書中，所以古人強調著書以明志。紀曉嵐只好以說鬼談怪自娛，以至於他的筆記體小說《閱微草堂筆記》頗為後世所重。

在乾隆之世，《四庫全書》無疑是文治之盛的主要標誌。而紀曉嵐一生的心血都傾注於這項曠世工程。「檢校牙籤十萬餘，濡毫滴渴玉蟾蜍。汗青頭白休相笑，曾讀人間未見書。」這部耗時二十年，參加者達三千人以上的文化大典，與紀曉嵐的名字連在一起。「平生心力坐銷磨，紙上煙雲過眼多。」在任總纂官的十八個年頭中，他走進了華夏絢麗文化的每一座殿堂，也經歷了幾千個驚心動魄的日日夜夜。在文網漸嚴，刪毀文獻越來越多的日子裡，他以一個士人的良知感受到了專制帝王的嚴酷——

俯見豺狼蹲，側聞虎豹怒。
立久心茫茫，悄然生恐懼。
置身豈不高，時有蹉跌慮。
徒倚將何依，淒切悲霜露。

然而，這樣一種悚懼恐惶的心情又能向誰傾訴？為了使察察為明的乾隆「睿見」錯誤，紀曉嵐將明顯的錯誤留在書上，好讓皇上挑剔、斥責；為了突出「今上」的地位，他創造了「聖義」、「聖謨」等六門，冠於經史子集四部之首；為了躲過文網之劫，他主動奏請將明末清初所有書籍再加「細心檢閱」，並從嚴把握；為了「以贖前愆」，他一次次前往熱河、盛京，重新校勘文津、文溯二閣（四庫全書）。但責備、申斥、戒飭、罰俸、革職留任、戴罪贖愆，一道道上諭像催命符，讓他無法安生。「歲歲容看溫室樹，惟應自戒口如瓶。」「擬築書倉今老矣，只應說鬼似東坡。」讓「海內共仰望爲宗臣」的紀曉嵐守口如瓶。

晚年，他變得十分世故，似乎把人生的一切都已參透。面對「朝中大老，國之祥瑞」等種種讚譽，他總是不置可否。倒是不經意間的著述——《閱微草堂筆記》泄露了天機，書未成印即洛陽紙貴。魯迅說：在那個極端專制的時代，紀曉嵐借鬼神之口抨擊社會，需要相當大的勇氣。

紀曉嵐並不是不著書，只是不談時勢、不談國事罷了。從乾隆二十年至四十五年的二十六年間，他除了總纂《四庫全書》並撰寫《四庫全書總目》和《四庫全書簡明目錄》，還領纂了多部巨帙，又至少點勘了近二十部文史名著。當然，他一生點勘的文史名著遠遠不止此數，足見其學問之廣博精深。

乾隆四十五年（一七八〇），紀曉嵐刪削《明懿安皇后外傳》。懿安皇后張嫣是明熹宗朱由校的正宮娘娘。熹宗的乳母客氏勾結太監魏忠賢，多次陷害懿安皇后，都被她機智巧妙地避開了。崇禎十七年，李闖王攻破北京，明思宗朱由檢吊死於景山，懿安皇后自縊於宮中。乾隆四十五年，紀曉嵐從友人處借得一冊《聖后堅貞記》，分上下卷，兩萬餘言，乃龔芝麓尚書所做。

他「惜其紀事稍繁，而又未經刊正；偶有一二鈔本，論謬滋多；以是傳者益寡。乃爲正其誤，刪其繁，並博考諸史之可信者，掇拾成篇，猶得五千餘言，改題曰《明懿安皇后外傳》，藏之於家，以便觀覽焉。庚子六月，紀曉嵐自敘。」這裡，他明明說，此傳、此序均「藏之於家」，但其孫紀樹馨編纂《紀文達公遺集》時卻未將此傳、此序收入。或許是得其遺言，此書有談國事之嫌，故不錄入。

反敗爲勝避禍之道：無故而致非常之福，貪冒者所喜，明哲者所懼也！

官場污濁、人心叵測。紀曉嵐目光灼灼，以飽經閱歷的慧心，時發警策之語。如：「人能事事如我意，可畏甚矣。」「世無便宜事。事太便宜，必有不便宜者存。」他告誡人們莫太貪心，貪心必入別人設下的圈套和陷阱。面對「百怪千奇」的騙局，紀曉嵐感歎道：「錢文敏公言：『與京師人作緣，斤斤自守，不入陷阱已幸矣。稍見便宜，必藏機械。』誠哉是言也。」一個人不怕沒人幫，就怕有人害。避免被害，要謹戒一個「貪」字。

4 天下沒有白吃的午餐

據說，有一位聰明的老國王曾召集了聰明的大臣，交給他們一個任務，要他們將世界上最聰明的思想總結出來，留給子孫。這些聰明的大臣離開國王以後，工作了一段很長的時間，最後完成了一本洋洋12卷的巨作。國王看了之後說：「各位先生，我相信這是古今智慧的結晶。然而，它太厚了，我怕人們沒有耐心讀完。把它濃縮一下吧！」

這些聰明的大臣又進行了長期的努力，幾經刪減，變成了一卷書。然而，國王還是認為太長，又命令他們再濃縮。結果濃縮為一章，然後縮為一頁，再變為一段，最後則變為一句。國王看到這句話，才說：「各位先生，這眞是古今智慧的結晶！我們全國各地的人一旦知道這個眞理，大部分問題就可以解決了。」

這句凝聚世界上最聰明之思想的話就是：「天下沒有白吃的午餐。」

有這樣一個故事：森林裡有一群野豬，非常兇悍，經常威脅路過的人。幾位經驗豐富的獵人很想捕獲牠們。但這些豬狡猾得很，從不上當。

一天，一個老人領著一匹拖著兩輪車的毛驢走進野豬出沒的村莊。車上裝的是木料和穀粒。老人說他要捉野豬。村民都嘲笑他，因爲沒有人相信他能做那些獵人做不到的事。兩個月後，老人又回到村莊，告訴居民，野豬已被他關在山頂的圍欄裡。

原來，老人來到野豬經常吃東西的地方，在空地中間放少許穀粒作爲誘餌。那些豬起初嚇了一跳，最後，還是好奇地跑過來，由老野豬帶頭。老野豬猛嘗一口，其牠野豬也跟著吃了。第二天，他又多加一點穀粒，並在幾尺遠的地方樹起一塊木板。

那塊木板雖然暫時嚇退了野豬群，但白吃的午餐很有吸引力，所以不久牠們又回來吃。老人每天多樹幾塊木板在穀粒周圍，直到做成一個圍欄爲止。圍欄做好了，陷阱的門也準備好了，而「免費午餐」使野豬毫無顧忌地走進圍欄，終於被老人捕捉了。

這就是「白吃午餐」的代價。統計表明，很多獲巨獎的人，若干年後，不是比以前更有錢，而是變得更窮了。飛來的財富使他們好逸惡勞，最終生活瓦解、家庭混亂、工作破滅。看來，一個人的心態是決定其命運的重要層面。

紀曉嵐引述了友人田松岩題寫在手杖上的一首詩。詩云——

月夕花晨伴我行，

路當坦處亦防傾。

敢因恃爾心無慮，

便向崎嶇步不平。

這首詩實際上就是一則格言。他對這首詩十分讚許。他如是說：「無故而致非常之福，貪冒者所喜，明哲者所懼也。無故而作非分之想，僥倖者其偶，顛越者其常也。」意思是：沒有緣故而得到非常的幸福，貪婪的人會覺得非常高興，聰明人卻會心存後顧之憂。因爲無緣無故地做非分之想，能得到滿足的是極少數，因此而受害的卻是常理。

這幾句話寓理較隱，初看不甚明白，細讀他所記述的故事就清楚了。

故事說——

有幾個商人結夥走上一座山崗。山崗上站著一個道士，用麈尾指著其中一人，問其姓名。那人回答後，道士說：「你是謫仙，今日限滿，當歸紫府。我此來即爲導引你。跟我走吧！」

那人心想，我很笨，不識一字，不可能是謫仙轉世；且父母年高，去之何益。所以堅持不往。

道士於是對其餘幾個商人說：「我與諸君相遇，即是有緣，能隨我者將成仙。千載一遇，機不可失，願意跟隨我者快來。」

然而這些商人都關心自己的貨物，竟沒有一人答應。道士只好離開。

商人來到旅店住下，將此事說給眾人聽。有人說，得仙人接引，不去可惜。也有人說，恐怕是妖，不去爲好。有好事者想探看奧祕，便爬上山崗查看。不看猶可，一看嚇得膽戰心悸。只見草間一堆白骨，一隻虎在旁酣睡，旁邊還丟棄著道袍和麈尾。原來道士是一個虎怪，它以仙人之姿爲誘餌，捕捉食物。大家無不慶幸沒有隨其做登仙夢。

紀曉嵐寫完這個故事，便不禁發出了上述的感歎。

他還講過這樣一件事——

他小時候上私塾，當時的講學先生性格古板，循規蹈矩，對生徒要求得十分嚴厲，在河間府素享端方之名。

這天傍晚，先生與往常一樣，到府學後面的菜園散步，見月下花間，有一個人影晃動，隱隱約約，看不清楚。當時積雨初晴，府學後院的圍牆倒塌了一段。先生以爲是鄰近的人來院中偷竊蔬菜，便要過去盤問盤問。走到近前一看，卻是一名美貌的少女，躲在樹後。見先生走到跟前，那女郎也不躲閃，跪在地上，嬌滴滴地說：「妾身本是狐女，怕見端方公正之人，白天不敢來，所以夜間才敢來這兒折花。沒想到遇到先生，請先生饒恕！」

女郎的聲音像銀鈴般悅耳，兩隻閃亮的眸子脈脈含情，光彩動人，嬌羞的面容百媚俱生。先生看了，禁不住心生愛憐，一時間沒了言語，只是在女子身上看來看去。

見此情景，那女郎又說：「先生不作計較，寬恕待人，妾身定要報答！」

「你將怎樣報答我？」先生急切地問道，已經想入非非。

女郎回道：「妾身除了俏麗的容貌、婀娜的體態，再沒有值得先生喜歡的了。」這話說得先生心裡顫悠悠的。女郎又說：「如先生不棄，妾願一薦枕席。」

這話直截了當地說出來，讓先生有些驚慌失措，口中忙說：「使不得，使不得！」眼睛卻一刻也捨不得離開少女的身上。

女郎莞爾一笑，站起身來說道：「先生無須擔驚！小妾道行雖淺，但也會隱形之術，往來無影無蹤。即使有人站在一旁，也看不見我，不會被人發現的。」

說話間，女郎已上前拖起先生的臂膊。先生望著女郎的笑臉，忐忑不安地來到寢室。於是，一夜卿卿燕昵，說不盡其中情趣。

天色欲曉，先生催促她早點離去。女郎溫存地說：「先生太狠心了！奴家怎麼捨得離開你？其實，先生用不著擔心。即使外面來了人，妾身會從窗縫裡飛出去的！」

先生這才放心下來，又是一番男歡女愛，直到天光大亮。

這時，生徒們都來齊了，等著先生講經。但先生剛剛起床，那女郎仍偃臥於圍帳之中，懶洋洋地，聽著先生讓她離去的催促，笑而不語，把先生急得驚慌不迭。先生從昨天夜裡，就根本沒有相信她是什麼狐女的話。

女郎賴著不走，先生也沒辦法，說了聲：「你且在屋中歇息，千萬不要出去。」就惴惴不安地給生徒們講課去了。

不想課未講完，外面有人來向他說道：「外面來了個老太太，說是接她女兒的。」

這時，女郎披著衣服，徑自上了先生的講壇，坐到先生的椅子上，旁若無人地梳理著頭髮。生徒們譁然大笑，有的還衝著先生大喊大叫。

先生驚慌失措，頓時變顏失色，一副魂不附體的姿態。

女郎梳理完畢，斂衽向先生謝道：「多謝先生厚愛！昨日來得匆忙，未帶妝具，賤妾回家梳洗，改日再來相見。」

話剛說完，生員們已嚷成一片。

女郎伸出手來，要昨夜的纏頭。先生這才如夢方醒，心中叫苦不迭，臉上卻像死了親娘老子一樣。

原來，這女郎是城中新來的藝妓，受人賄使，來坑害先生的。先生上當受騙，又被搞得聲名狼藉，當天下午就離了府學。

紀曉嵐所處的時代，社會上騙局甚多，如僞稱丈夫病故，騙人入贅，「又數月，突其夫生還……夫怒甚，將訟官。母女哀籲，乃盡留其囊篋」，將身無一文的入贅者驅走。再如，租人住宅，「陰拆宅內之梁柱門窗，間雜賣之。」待其不辭而別之日，「約四、五十楹」的住宅已是「縱橫瓦礫，無復寸椽，惟前後臨街屋僅在。」

因此，防止被騙，是紀曉嵐避禍的首要著眼。

5 心肥為取禍第一事

人的貪心很難戒拒。其實，貪必取禍。

晚清筆記記載：乾隆朝先後有三個「肥人」，各自得到不同的下場。一是首席軍機大臣傅恒的「心肥」，乾隆一再訓誡，染疾而終。二是和珅的「心肥」，乾隆一再訓教，仍不改悔，終於由嘉慶賜令自盡。第三位是紀曉嵐的「體肥」。洞察世情的紀曉嵐在晚年寫給家人的書信中一再以貪爲戒，教曰：「心肥爲取禍第一事。」

傅恒居相位二十餘年，被他賞識和重用的將吏不計其數，如畢沅、孫士毅、阿爾泰、阿桂等位至封疆，官拜宰輔的大吏亦皆其一手拔擢。因而，隨著他久執樞垣，拜相年久，在他身邊也聚集起奔赴往來的勢力，依倚阿附之人比比皆是。

一次，傅恒扈從皇帝避暑於熱河。值其兄傅成歿故，他乞假返京治喪。這期間，傅成家的訃告已遍及京城故舊之家。但在傅家受吊的三天中，前兩天竟無一人來吊。第三天，傅恒到京，大小官員無不爭先恐後赴吊，以致傅家周圍方圓數里內擠得水泄不通。

又一次，他在府上大宴賓客，整座大宅內外不僅富麗奢華，而且布局、體制與王邸比同，有越制之嫌。

據說，傅恒的這些作爲遭到以耿直聞名的孫嘉淦指責。當時，孫嘉淦應邀往謁其邸，未等入座，即倉促離府。傅恒大惑不解，追問其故。孫嘉淦直言不諱，說他不宜居此，並要繕疏彈劾。傅恒長跽認過，立改其制。孫嘉淦乃入席，歡飲終日而歸。

傅恒以奢侈違制逾常格，這在等級森嚴的專制政治中已有僭越之嫌。但他竟能二十餘年如一日，始終得到乾隆寵信。其中的奧祕除了他能以平和待人，不樹政敵之外，更主要的是他牢牢把握了皇權獨尊的信條和原則，即所謂：「文忠（傅恒）承志行旨，毫不敢有所專擅。」

儘管如此，乾隆仍然不時對傅恒加以訓教。在他看來，傅恒雖然功高忠謹，矢志用命，卻難免有急功好利之心。自金川之役，乾隆就已隱隱感到了這一點。所以，他不能不對傅恒日益增長的威望和權勢有所擔心，擔心傅恒會因此而忘形，滋生驕態。

一次，乾隆御門聽政。按常例，大臣應該先行上朝，恭候皇上聖駕。可是這一天，傅恒因事來遲。他深知乾隆的稟性，害怕遭到譴責，因而一路小跑，踉蹌而入，以致到了皇帝面前還上氣不接下氣，喘息不定，惹得站在一旁的御前侍衛望著他那發胖的身軀笑個不停，忍不住打趣地說：「相公身肥，故而喘吁。」

這本是一句十分隨意的玩笑話。不料，就在他還沒喘勻大氣之際，乾隆卻接著侍衛的話音搶白說：「豈惟身肥，心亦肥也。」

這絕不僅僅是對傅恒的姍姍來遲加以指責。乾隆最忌大臣因驕愎而目無君主。傅恒的遲誤，使他的自尊受到了損害。儘管他並不懷疑傅恒的忠心，但他還是要予以警告，提醒傅恒，不可「心肥」，不可有侵擅之行。

傅恒雖說早有受責的思想準備，卻不料乾隆出言如此之重，弦外之音如此螫人。因而，聽到乾隆說他「心肥」，他立即免冠叩首請罪，其後更一連數日神色不寧。

類似的事不只此例……

乾隆三十三年，江蘇巡撫彰寶、兩淮鹽政尤拔世彈劾歷任兩淮鹽政藉端侵肥一案鞫實後，吏部侍郎、原任兩淮鹽政的高恒以侵貪匣費之罪論斬。

高恒是高斌之子，高貴妃的兄弟，與傅恒一樣，同是乾隆的妻舅，爲椒房懿親。事發之後，乾隆惡其貪暴，於秋審勾決之日秉筆欲下。

傅恒見皇帝裁度從重，高恒難免一死，便代爲求情，說：「願皇上念慧哲皇貴妃之情，姑免其死。」

乾隆一向很給傅恒情面，無論他所薦之人、所論之事，都能在不損害皇權獨尊的前提下給予考慮，或從其所議，或有所損益。可是，這次乾隆非但沒有答應，反而毫不客氣地反詰：「若皇后之兄弟犯法，當如之何？」

這無異於當頭一棒，傅恒不由得惶懼失色。他完全沒有想到乾隆會把他同高恒聯繫起來，更沒有想到乾隆會直接問他皇后的兄弟犯法當如何處置。他這時早已不是那個剛剛登上相位的年輕宰輔，整整二十年的執秉鈞軸，使他深知乾隆此話的分量，更明白乾隆殺一儆百的用心。他雖是皇后的兄弟，且貴為一國之相，但若違背了皇帝，也難免遭殺身之禍。高恒就是他的前車之鑒。因而，高恒的死，使他隱約感到一種潛在的威脅已向他襲來，他不能不由此更加謹慎，更加小心。

野史說：傅恒之妻絕美，乾隆爲與之交歡，屢次派他出征。傅恒心有不悅，有時發些小牢騷。傅恒之子福康安長大後，相貌酷似乾隆，民間即有「皇帝占相妻，生子福康安」之傳。乾隆三十五年，傅恒征緬班師，染疾而終。

心肥有二種：一是貪心不足，二是權力欲極強。對於第一種「心肥」，乾隆一般尚能容忍，但也殺了無數貪官。對第二種「心肥」，乾隆沒有商量的餘地：殺無赦。

紀曉嵐「體肥」，但他常以「心肥」為戒。他一生以廉潔自持。在寫給幾個子女的信中，他詳細闡明「心肥」之害，勸導他們要自食其力——

古語云：躋愈高者陷愈深。居恒用是兢兢，自奉日守節儉，非宴客不食海味，非祭祀不許殺生。余年過知命，位列尚書，祿壽亦云厚矣。不必得寸進尺，希得圓滿。蓋爲子孫留些餘地耳。嘗見世祿之家，其盛焉，位高勢重，生殺予奪，率意妄行，固一世之雄也。及其衰焉，其子若孫，始則狂賭濫嫖，終則臥爲乞丐，乃父之尊榮安在哉！此非余故作危言以聳聽。吾昔年所購之錢氏舊宅，今已改作吾宗祠者，近聞錢氏子已流爲叫化。其父不是曾爲顯宦者乎！爾輩睹之，宜作爲前車之鑒，勿持傲謾，勿尚奢華，遇貧苦者宜撫恤之，並宜服勞。吾特購糧田百畝，雇工種植，欲使爾等隨時學稼，將來得爲安分農民，舉是余之肖子。

古人以不貪爲滿。紀曉嵐在乾隆朝貪官奇多的大環境中能獨善其身，實屬難得。他限制個人的私欲，以「心肥」爲戒，不追求至極，頗得古人「花開七分爲最美」之意。

6 不要樂極生悲

紀曉嵐說：「得意時毋大快意，失意時毋大快口。」意謂一個人得志時，不要高興得忘乎所以；遇到挫折和失意時，也不要怨天尤人，牢騷滿腹。要對自己的時運心中有數。爲了行動，也爲了全身心投入，須得對自己的時運有所把握。這比弄清脾氣和體格特徵還重要。想駕馭時運，需要極高超的本領，儘管永遠無法明白她那反覆無常的行爲，但畢竟可以耐心等待時來運轉。如果你運氣不佳，那就暫緩行動，退而自省，以免後車之覆，遭禍喪生。即使時運相繼而來，也不可春風得意，須知福禍雙生。

紀曉嵐有一個朋友叫陳文勤，曾經扶乩問涉世之道，據說當時的降壇乩仙是福建籍的大學士李光地。李光地是康熙年間的理學名臣，他曾親歷三藩之亂等重大的歷史事件，牽連其中的有福建耿精忠之叛亂。他與著名學者、《古今圖書集成》的編纂人陳夢雷捲入其中。後來他攫取朋友陳夢雷向清廷上報耿藩事變的信件爲己功，而得康熙的寵信。陳夢雷則因此事而遭流放東北。李光地此舉曾受到時人及後人的鄙視。他確實是康熙年間的一個世故人，一生身居要職，成爲清代政壇上著名的不倒翁。

李光地的判詞說：「得意時毋大快意，失意時毋大快口，則永保終吉。」陳文勤聽後大爲佩服，堅守終生，並對門人說：「得意時毋大快意，稍知利害者能之；失意時毋大快口，則賢者或未能。夫快口豈特怨尤哉，夷然不屑，故作曠達之語，其招禍甚於怨尤也。」紀曉嵐與朋友表示認同。

紀曉嵐還由此想起自己高祖的友人、河間諸生宋大壯的贈詩——

狂奴猶故態，曠達是牢騷。

他覺得此詩與乩仙指示者是「重規疊矩」，其意酷似。如何才能做到得意時毋大快意，失意時毋大快口？紀曉嵐認爲：要淡泊名利。

他曾提過死亡的問題：「四海之中，一日之內，死去的人不知有多少？前生逋負者，安得如許之眾？而死生轉轂，因果循環，如恒河之沙，積數不可測算；又如太空之雲，變態不可思議。這實在難拘以一格。然而考慮其大勢，則冤愆糾結，生於財貨者居多。老子曰：天下攘攘，皆爲利往；天下熙熙，皆爲利來。人之一生，大概無不從屬於此。可天地生財，只有此數，此得則彼失，此盈則彼虧。機械於是而生，恩仇於是而起。業緣報復，延及三生。如能看到謀利者之多，就可以知索償者之不少了。司馬遷有言：怨毒之於人，甚矣哉！君子寧信其有，或可發人深省也。」

其實，與皇帝相伴，不僅不能發一己之牢騷，就算是普天下的眞理，也不能不顧場合，亂講一氣，要時時觀察皇上的臉色。

洪武三年（一三七〇），朱元璋當了三年皇上，脾氣漸漸大了。皇上「審查」孟子的著作，發現其中有許多對君主不夠尊重的地方，大發脾氣，對人說：「這老兒要是活到今天，非嚴辦不可！」遂下令撤去孔廟中孟子配享的牌位，將孟子逐出孔廟。後來有人替孟子求情，說他講的道理基本上還是對皇帝有好處的，才恩准孟子回到孔廟。

洪武二十七年，朱元璋特命老儒劉三吾編孟子節文，刪掉了《孟子》中85條皇上不喜歡的內容。那麼孟子究竟說了什麼，惹怒了皇上呢？

一、「民爲貴，社稷次之，君爲輕。」（〈盡心篇〉）孟子說：人民比皇上貴重。皇上哪能不氣憤難平。

二、「左右皆曰賢，未可也；諸大夫皆曰賢，未可也；國人皆曰賢，然後察之，見賢焉，然後用之。左右皆曰不可，勿聽；諸大夫皆曰不可，勿聽；國人皆曰不可，然後察之，見不可焉，然後去之。左右皆曰可殺，勿聽；諸大夫皆曰可殺，勿聽；國人皆曰可殺，然後察之，見可殺焉，然後殺之。故曰，國人殺之也。如此，然後可以爲民父母。」（〈梁惠王〉）孟子在這裡把皇上用人和殺人的權力削弱了，需要獲得大夫和國人的認可。朱元璋顯然很不贊同。

三、「桀、紂之失天下也，失其民也。失其民者，失其心也。」（〈離婁〉）孟子這話的意思也很可疑：究竟這天下是天給的，還是民給的？正確的說法，應該是天子代天理民——代表歷史規律領導人民前進。

四、「天視自我民視，天聽自我民聽。」（〈萬章〉）孟子竟然把天的耳目安裝到人民的身上。如此說，真命天子的耳目又該往哪裡擺？

五、「君之視臣如土芥，則臣視君如寇仇。」（〈離婁〉）這分明是宣揚造反有理了。

總之，朱元璋與孟子的核心分歧，就是領導與群眾的關係問題。究竟是人民聽天子的，還是天子聽人民的？孟子很明白「無君子莫治野人，無野人莫養君子」的道理，很清楚「勞心者治人，勞力者治於人」是「天下之通義」（〈滕文公〉）。孟子無非是想強調一下，治野人也不能亂治，不能任性胡來，要守一定的規矩，不然就有翻船的危險。奈何此時已經不是春秋戰國，群雄並起的時代，皇上已經一統天下，「無法無天」慣了，已經不喜歡「規矩」之類的東西了，此時談真理，豈不是惹得皇上不高興？因此，聖人尚且得讓著皇上，況我輩乎！

7 患莫大於有所恃

紀曉嵐說：「患莫大於有所恃。恃財者終以財敗，恃勢者終以勢敗，恃智者終以智敗，恃力者終以力敗。有所恃，則敢於蹈險故也。」

意思是說：禍患沒有比有恃無恐更危險的了。倚仗財力雄厚的人最終必因財力而敗；仗恃權勢的人，最終必因權勢太大而失敗；仗恃才智的人，最終必因才智而失敗；仗恃力量的人，最終必因力量而失敗。原因在於：他有所仗恃，從而敢於冒險。

說這段話之前，他講述了一個故事——

獻縣有一個叫丁一士的人，矯捷多力，兼習技擊，一躍可縱上三丈高的樓房，可跨越三丈闊的河澗。有一次，朋友約他去橋頭的酒店喝酒。酒後高興，友人要他躍到河對岸去。成功了。返回時，不料河岸落足點已開裂，受不住人體重量，崩落河中，結果一士被淹死。

紀曉嵐是個胸懷坦蕩的人，他率眞的性格中透出一個士子的正直品格。在他幾十年的仕宦生涯中，多次擔任主考官，爲朝廷取士。這本是個發大財的好機會。以往的朝代不說，單是清朝，就有許多考官這樣做。但他的旨趣不在此。他體會到，在當時，「學而優則仕」是士子惟一的出路，自己當年也是由此成爲天子門生。今天一朝權在手，更要體會讀書人的不易。儘管他早已成爲天子的近臣，但士子的心是相通的。

從乾隆四十九年至嘉慶七年，他多次擔任會試考官、殿試讀卷官。由於他早年遭受過落第的打擊，所以對這些「筆端一瞬判雲泥」，「頃刻悲歡共幾家」的選舉人才大權十分鄭重、認眞。他曾在嘉慶七年會試閱卷時，感慨地寫下這樣的詩句——

拭目挑燈夜向晨，官奴莫訝太艱辛：
應知今日持衡手，原是當年下第人。
誓約齊心同所願，丁寧識曲聽其真：
顏標錯認知難免，恕我明春是八旬。

後又在閱卷簿子上題寫道：「儒生上進，路僅存斯；孤寒之士，性命繫之。進退予奪，責在主司。如云有命，操柄者誰？意見偏謬，或不自知。至於勞瘁，則不勞辭。句句圈點，卷卷加批。一行不閱，鬼神難欺。」表達自己閱卷慎重負責的態度。

有如此觀念，自然是「行行字字細參稽」，「拭目挑燈夜向晨」，「老眼摩挲力欲殫」了。

可是，有的生員實在胸無點墨，或者生性執拗，不大領會紀曉嵐的苦心。這時他只好運用他的幽默才能以警之。

擔任山西鄉試主考官時，他審查落第的試卷，發現一份卷子立意和寫法很不錯，卻習慣性地將「口」寫成「厶」字。這種書寫的毛病是科考中的大忌。清代科考規定，凡是書寫筆法錯誤或不工整，不管文章優劣，一律不取。這份試卷被黜是理所當然。但為了避免遺珠之憾，他還是特意召見這位生員。

不料此生性格古怪，不但不認錯，反而抗辯道：「學生認為，口厶本是一樣，何必吹毛求疵？」

紀曉嵐寄以關切，反而受到譏刺，便提筆在試卷上寫下幾句話，把試卷還給這位士子。士子接過試卷一看，上面批的是——

私和句勾，吉去呂台，

汝若再辯，革去秀才。

紀曉嵐沒有說理，只把幾個字排列出來，讓那生員體會是對是錯。那生員無話可說，只好悻悻而退。

參加科考的人目的不一，有的爲謀取前程，有的爲實現抱負，也有的紈袴子弟，不愁吃喝，只是來應付差事而已。紀曉嵐對那些只是來應付差事的人毫不客氣。

有一次閱卷，發現一份試卷寫滿「如何如何」這樣的字，心中納悶。查問之下，方知是考場規定，不交卷不得出場，而交卷又不許交白卷。有一考生，文章一句寫不出，爲塡塞試卷，便在上面亂寫。紀曉嵐又好氣又好笑，從考生的「如何」二字延伸，在試卷上批道——

如何如何聲如何，如何如何如何多，

如何如何如何何，將如之何怎奈何。

科考場中，生員的水平良莠不齊。有的滿腹經綸，字字珠璣；有的胸無點墨，一竅不通。紀曉嵐巡視府學，對那些拙劣的文卷頗感頭痛。有一次，他看到一份卷子，實在難以卒讀。他想起兩句杜詩，遂把它批在試卷上。詩云——

兩個黃鸝鳴翠柳，

一行白鷺上青天。

那生員接到這份文卷，見沒有刪改，只是批了這兩句詩，以爲是嘉諭之辭，四處張揚。恰好遇上縣令。縣令哭笑不得，只好喝道：「蠢才！『兩個黃鸝鳴翠柳』指的是不知所云，『一行白鷺上青天』是說你離題萬里。還不思過！」這當頭棒喝，把那生員嚇得抱頭而去。

在清代，這種批文謬的趣話頗多。如有人引用「昧昧我思之」，誤寫成「妹妹我思之」。閱卷者批道：「哥哥，你錯了。」又有以「事父母」爲題者，作文承題（八股文的段落名稱。下文「中比」亦是）曰：「夫父母，何物也？」閱者評道：「父，陽物也；母，陰物也。陰陽配合，而乃生此怪物也。」又有以「雞」爲題者，文中曰：「其爲黑雞耶，其爲白雞耶，其爲不黑不白之雞耶？」閱者評道：「蘆花雞。」這些都是表現作文者的荒謬和批閱者的詼諧幽默。

紀曉嵐多次擔任主考官，都是從試卷本身出發，認眞對待每一份考卷，從來沒有仗著自己的這點權力撈取不義之財。

8 尋找得力的靠山

不恃才、不恃力、不恃勢、不恃德，不等於不要靠山、不要幫手。沒有靠山，在官場上舉步維艱。選靠山，一定要有眼力，看準了。不可選小人，不可選庸人，不可選不辦事之人。靠山，是避禍的有力依靠。

乾隆十二年丁卯科，紀曉嵐再應順天府鄉試，以第一名解元奪魁。喜訊傳來，闔家歡騰，前來賀喜者絡繹不絕。紀曉嵐反倒表現得非常平靜。在應酬來客之後，他置辦了豐盛的禮物，親自上門拜謝座師劉統勳。

劉統勳，字延清，號爾鈍，山東諸城人，雍正年間進士，乾隆元年擢爲內閣學士，是紀曉嵐的好友劉墉（石庵）的父親。乾隆十二年，他卸任漕運總督後還京，受命同阿克敦主持順天鄉試。這次鄉試出的題目是：「擬乾隆十一年，上特召宗室廷臣分日賜宴，瀛台賦詩，賞花釣魚，賜賚有差，爲臣謝表。」

閱卷時，劉統勳接連看了幾份，都覺得不夠滿意。又拿過一份審閱。先是清秀的字體和乾淨漂亮的卷面，已讓他有幾分喜悅；再看那文章辭句，只見開章寫道：「伏以皇慈霧洽，雅葉夫酒醴笙簧；聖渥天浮，道契夫賡歌颺拜……集公姓公族以式燕，玉牒生光；合大臣小臣以分榮，冰銜動色。靈槎八月，眞同海客之遊；廣樂九成，似返鈞天之夢。屏藩有慶，簪組騰歡……竊維世道升平，著太和於有象；朝運清暇，敷愷樂以無疆……」

這段開場白，讀起來迴腸蕩氣，宏偉壯闊，劉統勳極其欣賞。往下看時，更是氣象千重，誇張新異，盛讚至極：「青龍布席，白虎執壺，四溟作杯，五嶽爲豆。琳琅法曲，舜韶奏而鳳凰儀；渾穆母音，軒樂張而鳥獸駭。紅牙碧管，飛逸韻以千雲；羽衣霓裳，驚仙遊之入月，莫不神飛色舞，共酌大和。感覺心曠神怡，同餐元氣……」

讀著文章，劉統勳確實心曠神怡，禁不住拍案叫好。往下看瀛台賦詩的描寫，更覺詞藻華麗，五彩繽紛：「天章首煥，落一串之驪珠；御筆高標，扛百斛之龍鼎。葛天浩唱，不推義繩以前；叢雲奧詞，漫道媧簧而后。因之句成七字，仿漢事以聯吟；人賦五言，分唐詩而探韻。宮鳴商應，俱協和聲；璧合璋分，細裁麗製。歌葉八拍，盈廷依紀縵之華；頌出九如，聯袂上岡陵之祝。」

接著看其賞花釣魚的情景，形容得更加生動逼眞，引人入勝，恍如親臨其境：

「……舟浮太液，驚黃鵠以翻飛；帳啓昆明，凌石鯨而問渡。指天河之牛女，路接銀潢；塞秋水之芙蓉，域開香國。尋芳曲徑，惹花氣於露中；垂釣青波，起潛鱗於荷下。檀林瑤草，似開金谷之郁芬；桂餌翠綸，喜看銀盤之撥剌……」

看到這裡，他高興地立起身來，讓人去請阿克敦前來一起欣賞批評一下這篇文章。然後他又拿著試卷，聲情並茂地讀其最後一段：「觀九族之燕笑，則思自親睦以至平章；顧千官之肅雍，則思正朝廷以及邦國。賞花而念貢花之非禮，勿信其小忠；垂餌而知貪餌之不情，務察其大僞。供來芬饌，莫忘東作之耕人；捧出霜綃，當厘西江之浣女。樂諧韻集，致戒夫琴瑟之專；詩被管弦，務親夫風雅之正……」

讀到這裡，他那激動的心情竟然鎮定下來。仔細玩味，確爲堅實穩健，拓展宏深，發人深思；且畫龍點睛，堪稱神來之筆！沒有它，那些虛構之場景、人物和情節的描述，將會讓人覺得虛言浮誇，華而不實；有了它，全文便落地生根，巍然屹立。劉統勳越品味越喜歡，暗讚此文出手不凡，匠心獨運。

阿克敦來後，兩人又一起誦讀一遍，禁不住交口稱讚。這篇只有兩千字的文章，引經據典，宏大精深，詞藻瑰麗典雅，把一場假設的宴會寫得富麗堂皇，盛況空前，譽爲「千秋曠禮，萬古奇逢。」

兩人當場決定，此卷擢爲榜首。阿克敦問是何人所寫。劉統勳這才想起只顧看文，竟沒顧得看卷封內的姓名。

啓封一看，這位以「儷語冠場」的考生，就是年僅二十四歲的河間秀才紀曉嵐。

劉統勳早在上年卸漕運總督之任回京時，就曾聽兒子劉墉講過，他有個好朋友叫紀昀，字曉嵐，學識超人，才華橫溢。劉統勳也很想見見這位年輕後生。

紀曉嵐來訪，劉統勳十分高興。紀曉嵐先是施禮謝恩，然後向老師賀喜。原來劉墉這年也中了舉人。在劉統勳看來，這位門生雖比兒子小了幾歲，其學識卻遠比兒子優長。言談話語之中，顯得機敏異常，應答如流。年紀輕輕，竟已熟知經史，旁及百家，是一位難得的文才。

其後，劉統勳對紀曉嵐愛護有加，悉心教誨，使之受益匪淺。後來，紀曉嵐因泄露查鹽機密，充軍烏魯木齊，也是由劉統勳保薦他當《四庫全書》總纂，才被詔還京城。

據野史記載，紀曉嵐被乾隆選中，做《四庫全書》一書的總纂一職，頗富戲劇性：因爲人才難得，乾隆在物色人選時，列數朝中名儒，竟然沒有一人能充當此任。他深知，此人不僅需學富五車，名揚海內，而且要年富力強，博聞強記，否則就不足當此重任。因爲他必須閱覽歷代流傳下來的各種書籍，凡六經傳注之得失、諸史記載之異同、子集之支分派別，罔不扶奧提綱，溯源徹尾。這樣的奇才到哪兒去找呢？

當時年已四十餘歲的紀曉嵐正因鹽案泄密事獲罪，謫戍烏魯木齊軍中服役，充當一個小小的文書。

乾隆實在決定不下總纂官的人選，於是把東閣大學士兼軍機大臣劉統勳召進宮中，由群臣廷議此事。

他開門見山地發問道：「編纂《四庫全書》乃千秋偉業，總纂一職至關重要，由誰充任，卿等有何高見？」

乾隆即位以後，面對皆爲前朝遺老的滿朝文武，他不僅需要在這群老臣中樹立自己的絕對權威，尤其要培植自己的親信。於是，除了傅恒、舒赫德、兆惠、阿里袞等一批滿人外，在漢人中，他選中了劉統勳。

劉統勳雖說也是前朝遺老，但他與那些老臣有著明顯的不同。當時鄂爾泰與張廷玉各自結黨相傾，而劉統勳在鄂、張兩大勢力之間，是少有的幾個既不依附鄂黨，也不投靠張黨的人。這應該是初政之後，爲朋黨而憂煩困擾的乾隆起用他的最重要之因。

性情簡傲的劉統勳以清廉持公聞名。尤其是受重用後，眾人趨附，巡撫饋送，甚至夜間都有人登門求見，他都能堅守操節，絲毫不沾苞苴之嫌。

也許正是基於劉統勳的廉能方正，又無朋黨之私，乾隆才對他這個漢官另眼相看。乾隆元年，乾隆即位未過一年，就將劉統勳擢爲內閣學士。次年，授命從大學士嵇曾筠赴浙江學習海塘工程。在浙期間，授刑部侍郎。

乾隆三年，劉統勳丁憂回籍。乾隆六年，被召回朝廷，晉爲左都御史，成爲執掌都察院的權要。以後又多次主持鄉、會試。

劉統勳明白總纂一職，紀曉嵐最具條件。紀曉嵐學問淵博，睿智機敏，又値壯年，擔此重任最爲適合。但眼下紀曉嵐正在烏魯木齊軍中服罪，不能貿然推薦。因此他站在下面默不做聲，等待時機。

有幾個大臣推舉了幾個人。乾隆只是搖頭。見劉統勳不說話，便把眼光投向他，發話道：「卿在朝多年，滿朝文武皆熟，難道以中國之大，竟無一人可當此重任？」

見乾隆皇帝確實求賢殷切，劉統勳覺得開釋紀曉嵐的機會已到，便試探道：「聖上英明，四夷臣服，文治武功皆超越往昔，國中豈無傑出之人才。只是眼下此人並不在朝廷而已。」

乾隆聽出劉統勳話中有話，急急問道：「此人是誰？卿可快快奏來。」

「依老臣愚見，前侍讀學士紀曉嵐可當此重任。只是他一時糊塗，獲罪遠謫，還望聖上垂憐。」劉統勳奏道。

乾隆一聽，沈默了片刻。紀曉嵐確是曠世奇才。這兩年沒有他在內廷走動，樂趣少了許多。但他又確實有罪當罰，謫戍已是輕處，若再赦免，是否遭世人非議？而眼下又確係用人之際，豈能因小錯而誤大事？想到這裡，乾隆已有開釋之意，但還是正色道：「老愛卿莫非有意爲紀曉嵐說情？」

劉統勳立即跪下奏道：「老臣不敢！臣蒙聖上垂青，服官數十年，時時以國事爲重，豈敢徇情。今聖上用人之際，臣思古人『內舉不避親，外舉不避仇』，故直言以陳。尚望聖上明鑒。」

這話說得得體，群臣個個露出贊同的神色。乾隆見時機成熟，便順水推舟，說道：「既然如此，就依卿所奏，赦紀曉嵐回京。」

情勢如此，和珅一黨也無話可說。紀曉嵐已服罪兩年多，且如今又是皇上用人之際，不好再給紀曉嵐難堪。於是在乾隆三十六年，紀曉嵐便奉詔回到京師。

回到北京，起初他只是恢復翰林院編修的職務，不久升侍讀學士。三十八年，四庫全書館開館，他正式擔任總纂官。

9 只唱紅臉關公，不做黑臉包公

直言進諫的諍臣，讓別人去做吧！紀曉嵐能做的，只是暗中保護他們。他自己決不去幹這種傻事兒。如果腦袋都沒了，你還能幹成什麼事兒？退而言之，一旦丟掉了位子，也會使自己的抱負無從施展。所以，他決不仗著有點才氣，在皇上面前指東道西，信口雌黃。他只唱紅臉兒。至於黑臉兒，就讓別人去唱吧。

儒生士大夫意欲以道德理想主義去改造現實社會，這種經世之理想勢必處處與當道的權勢者發生衝突。君主喜怒無常，權臣、權宦橫行逆施，官場的傾軋排擠，往往使充滿經世熱情的士人頭破血流。在無可迴避的現實挫折面前，紀曉嵐不得不高揚「拘而無怨」的道德風範，以此作爲士人的心理之盾。

於是，有如下之評介——

明人楊爵，嘉靖年間官至山東道監察御史。「以上疏極論符瑞，下詔獄，繫七年，始得釋。」在獄中，楊爵作《周易辨錄》。其說多以人事爲主，頗剴切著明。蓋以正直之操，處杌隉之會，幽居遠念，寄託良深……然自始至終，無一字之怨尤，其所以爲純臣歟。

明人夏良勝，其《中庸衍義》作於謫戍遼海時。此書蓋皆爲世宗時事而發，然務抒獻納之忱，而無一毫怨懟之意，斯所以爲純臣之言也。

明人鄒智，因上疏擊權奸兼劾權宦，被下詔獄，擬處死刑，後改謫廣東石城千户所吏目，年僅二十六便在謫所死去。在獄中，有詩云：「夢中不識身猶繫，又逐東風入紫宸。」「盡披肝膽知何日，望見衣裳只此時。但願太平無一事，孤臣萬死竟何悲。」表明了對君主的眞實忠誠。他智疏劾權奸，直聲動天下；然於君國之間，纏綿篤摯，至死不忘，無一毫怨尤之意。

明人朱淛因抗逆明世宗，「被廷杖斥歸，終於家。」可他執著於經世之務，更恪守儒學傳統之人格。其詩文不事鉛華，獨抒懷抱……蓋澤畔行吟，沈淪沒世，而未嘗有一窮鬱怨尤之語，是爲難也。至家居三十餘年，於民生國計，切切不忘。集中所載南洋水利之議、山寇海寇之防，皆指陳利病，斟酌時宜，委曲以告當事，不以罷黜而漠視，抑又難矣。

紀曉嵐在上述評述中倡言毫無怨尤地承受任何命運的仁人之懷。然而，他看到正直之士仗義直言的悲劇性後果，多少有了一點人生的感悟——自己沒有唱黑臉的資本。

乾隆五十五年，值乾隆八十大壽。由於乾隆感到自己統治五十多年，功勳卓著，加之年逾八旬，五世同堂，所以內心很想大搞慶祝活動。實際上，早在乾隆五十二年，他就指派阿桂、和珅、劉墉等人組成了班子，開始籌備慶典活動。有此表示，臣下誰不明白皇上的心思？

所以，儘管乾隆面對當時各地災荒不斷的現實，一再要求內外臣工務必節儉，「雖席豫而履豐，恒戒奢而示儉」，事實卻正好相反，「內外宮殿、大小儀物無不新辦。自燕京至圓明園，樓臺飾以金珠翡翠，假山亦設寺院人物，動其機括，則門窗開合，人物活動。營辦之資無慮數萬萬，而一毫不費官帑，外而列省三品以上大員俱有進獻，內而各部院堂官悉捐米俸，又以兩淮鹽院所納四百萬金助之。」

紀曉嵐時為禮部尚書，未任慶典籌備大臣；因大典以大學士領銜籌備，以示尊崇。但他無疑是一個主要參與者。四至八月，有恩科考試、表彰全國長壽老人的人瑞活動，其間就連他最親的四嬸去世，他也沒有奔喪，只派了兒媳婦前去祭奠。

為了討得皇上歡心，他還寫下大量歌功頌德、逢迎阿諛的文字。

一篇「祈增舜壽」的《祝禧茂典記》，駢四儷文，洋洋灑灑，氣勢輝煌，全面歌頌了乾隆臨御五十五年的文治武功，把乾隆捧成了功蓋三皇，德高五帝，不遜於堯舜，千古以來第一名英明偉大的皇帝。

乾隆看了這篇祝頌文章，對其華美壯闊十分滿意，飄飄然幾列仙班。偏偏在這年十一月，內閣學士尹壯圖不識時務，發出了另一種聲音。

尹壯圖，字楚珍，雲南昆明人。乾隆三十一年進士。乾隆三十九年考選江南道御史，三遷至內閣學士兼禮部侍郎。

他就乾隆對犯有過失的各省督撫實行罰銀代罪而不加以行政處罰的做法提出異議，認爲這一措施不但沒有收到整飭吏治的效果，反會助長貪污之風。因爲受罰的官員如果有貪贓的行爲，會變本加厲地貪婪以完納罰罪之銀；清廉的官吏則往往因無力繳納銀項，接受屬員的資助，再遇屬員貪縱時，便不敢認眞查辦。他說：「是罰銀雖嚴，不唯無以動其愧懼之心，且潛生其玩易之念。請永遠停止此例。」

對於此奏，乾隆起初沒有表示反對，只令尹壯圖具實覆奏。然而，當尹壯圖再次上疏奏稱：「各省督撫聲名狼藉，吏治廢弛。臣經過地方，體察官吏賢否，商民半皆蹙額興歎。各省風氣，大抵皆然。」且言及地方虧空甚多時，乾隆竟然大爲惱火。他感覺到：各省商民蹙額興歎，「竟似居今之世，民不堪命。」

按尹壯圖所奏，等於指責皇帝的英明和他所締造的帝國盛業。這是對他統治五十五年的否定，是對皇帝自尊心的極大傷害。尹壯圖不小心碰上了逆鱗。乾隆指責尹壯圖以「莠言亂政」：「小民等愛憎之口，或因吏胥侵擾，或因偶挾微嫌，間有一二人怨其守令，亦屬事所難免。若謂普天之下民不堪命，竟至疾首蹙額，互相告語，怨及朕躬，則斷斷無此情理。」他讓尹壯圖指出「蹙額興歎者」為何人？在何處？並讓侍郎慶成偕尹壯圖到直隸、山東、江南各省盤查倉庫。

乾隆非常清楚，尹壯圖所說的「吏治廢弛」，府庫虧空，並非子虛之言。乾隆五十一年，他曾派阿桂、曹文埴等至浙江省，就是為了查辦地方上的府庫虧空案。而這種虧空，不獨浙江，幾乎遍及全國。僅雲南一省，這年的虧空額就達一百萬。他也承認，發生於三年前的臺灣林爽文起義，「皆由地方侵貪激變。」

儘管如此，他卻不願由他的臣下戳穿這一事實。強烈的自尊心，加上晚年的自負，使他十分顧忌自己的完美形象。他只想邀譽，受不了半點責。為了證明尹壯圖所言實屬誣詞，他拒絕尹壯圖「密往訪查」的要求。在尹壯圖每到一處之前，先五百里通知地方官，而且明確降旨聲稱，令尹壯圖到地方盤察，是欲治其以「莠言亂政」之罪，「若所盤查倉庫毫無虧缺，則是尹壯圖以捕風捉影之談為沽名邀譽之舉，不但污地方官以貪污之罪，並將天下億兆民人感戴真誠全為泯沒。而朕五十五年以來子惠元元之實政實心，幾等於暴斂橫徵之世。」

爲堵住尹壯圖之口，乾隆竟到了不顧事實、不擇手段的地步了。而公開降諭要治奉命查訪地方府庫的大臣之罪，不啻於告訴地方官：不要給尹壯圖留下口實。地方官自然心領神會，在尹壯圖未到之先，即「設法挪移，彌縫掩飾，遂致尹壯圖陳奏不實。」既查無實據，尹壯圖只好違心地上疏乾隆，自認虛誑，奏請治罪。乾隆下令將他革職留任，以示懲戒。

軍機大臣和珅看有機可乘，便使出了殺手鐧，奏請將尹壯圖擬斬！

在此情況下，紀曉嵐終於按捺不住，上書奏請——

> 聖上所言極是。觀古來帝王，無恩何以饒民，無威何以治國？聖上愼時度勢，寬嚴相濟，恩威並用，實古來帝王所不能比。以臣觀之，軍機處擬斬尹壯圖，量刑過當，皇上定然知曉，斷不會准其所奏。尹壯圖之案，皇上已通諭內外，群臣皆翹首觀望。皇上若准了處斬，恐惹群下猜測，濫傳謠言。不如寬大赦免，臣等更感萬歲寬宏大度，那些意存不規之輩自會小心翼翼，莫敢以身試法。臣惟有勉竭樗材，益深葵向，遵敷言於皇極；心存精白，無稍雜以二三。恭謝天恩，伏祈睿鑒。

尹壯圖一案，乾隆本就是感情用事，自己也感到有些過頭，經紀曉嵐這一陣吹捧，反倒不忍心拿尹壯圖開刀了。於是說道：「依愛卿所說，免去尹壯圖死罪。」

果然，皇上駁回軍機大臣和珅等人的奏請，僅予降級了事。但羞辱是免不了的：「其母年高無人照顧，他卻留戀官位，又挾妾居京，貪圖享受。似此不孝之人，何以爲忠臣？」迫使尹壯圖自請回家。

紀曉嵐與尹壯圖的父親尹均（字松林）爲甲戌科同年，同入詞館，又同以樸拙立朝。尹壯圖繼入詞館，又常以所做詩賦就教於紀曉嵐，交誼亦甚篤。此案雖未明顯涉及紀曉嵐，但株連之懼，又著實使他捏了一把冷汗。

直到嘉慶四年正月，嘉慶親政後，出於開言路的需要，決定起用這位直臣：尹壯圖當年所奏事「雖查無實據，而所奏實非無因。似此敢言之臣，亟宜錄用。」讓尹壯圖火速來京。可當尹壯圖到京後，又戳了嘉慶的痛處。結果，嘉慶仍以尹壯圖需要照顧老母爲名打發回家：「其母年逾八十，家在雲南，既難迎養，若留其在京，勢必使其母子萬里相隔，於心不忍。著給給事中銜，回籍侍候老母。」

紀曉嵐對尹壯圖以直言抗疏而仕途坎坷深爲同情，對乾隆、嘉慶父子的所爲表達了有限度的不滿。嘉慶四年，他爲即將回家的尹壯圖做了一篇《尹太夫人八十壽序》。此篇壽文深得「春秋筆法」，是他「偶爾露崢嶸」的一篇佳作——

內閣學士尹壯圖改任禮部主事，高宗純皇帝恩准他歸家贍養母親，因爲尹太夫人年紀已經七十多歲了。嘉慶四年，皇上徵召他來京師，以備條陳時政大事，仍因太夫人年事已高，加給事中官銜，讓他歸家贍養母親，而且特賜裝奏摺的匣子，准許他乘驛奏事。一時間，士大夫無不羨慕其寵榮……尹君先前歸里，爲父親守孝時，即親自護送太夫人回到家鄉，完孝後返回北京，即打算請假，回家贍養母親。太夫人卻反對，說：「你父子二人連受皇上聖恩，不可不報答。如果說是我已年老，可我身體確實很強健。如果說京師離家鄉遙遠，不便往來，我自己會往來，也不過是三、四個月程即可到達，並非必定不能往返。」

尹君俯首恭聽，不敢回答，然而始終不準備行李。太夫人督促再三，尹君方捧出一書簡，說：「我做官以來，每見地方官所爲，有許多不能令人滿意的地方，自己不說出來，總覺不安；如奏報皇上，則是書生一孔之見，未必都符合世務，或許還會令太夫人擔心，所以寧可不離家去做官啊！」當時太夫人正坐在一茶几旁，仔細看過書簡，振衣立起，說：「我兒能上奏此情，即使遭受大禍，甚至牽連到我，我也不遺憾。我兒且去吧！從今以後，你可將我置諸度外，我也把你置諸度外，都沒有什麼牽掛。」尹君能夠毅然抗顏上疏，原因就在於此。

士大夫間有人私下爲尹君不爲母親考慮惋惜，他們豈知尹君的苦心，又豈知尹太夫人的用心！現今尹太夫人耳目聰明，身體強健不衰，上受皇上格外之恩榮，下受子孫的孝養，大概是因爲能以女流之身，而有士君子之行，因有德而獲福榮，本是理所應當的吧！

兩個皇上表面上做法不同，實質上都不欣賞尹壯圖，都以他需養母爲藉口。所以紀曉嵐在壽序中表面上歌頌皇上的恩賜，而開頭即寫出奉養母親的問題，隨即介紹了尹壯圖上書、來京的前前後後，看似表彰尹太夫人的大義，即忠孝不能兩全時移孝作忠，實際上是對乾隆父子施予譏諷：這樣的忠臣，這樣的忠臣之母，皇帝卻不能接納他，實在是另有原因。

這說明此時的乾隆已站到了專制統治的權力之巔，高高在上，獨斷專行。他既不瞭解下情，又剛愎自用。在阻塞言路的情況下，自然會形成奸佞弄權當道，卻又失之察覺的政局。而自曹錫寶、尹壯圖相繼受譴去職，乾隆便再也聽不見任何反對意見了，滿朝文武皆緘口不言事。不但言官再無建白，督撫以惟命是從爲上，即使像阿桂那樣受寵的大臣，也須對乾隆做出心悅誠服的樣子，隨時歌功頌德，表明忠君的心跡。

第2章

手段也是一種智慧

塵世人生本是一場除邪鬥惡的戰爭。鬥，就要玩弄心計。或聲東擊西，假裝瞄準一個目標，心底裡卻暗自瞅準別人不留心的靶子，然後伺機施以致命的打擊；或似乎不經意間流露出自己的心思，騙取他人的注意和信賴，在適當時機突然一反常態，出奇制勝等等。

聰明人常常放過對方的第一意圖，以便引出其第二乃至第三意圖。善鬥者總是先知他人別有所圖的心思，再伺機行事。玩弄詭計者一旦看到自己的陰謀敗露，便偽裝得更精巧，往往以吐露真言引人上鉤。他們改變戰術，故作憨厚無欺而實售其奸。有時推心置腹的坦誠態度達於極端，骨子裡藏著的卻仍是狡詐。然而明察之人總能看穿這一切，瞥見光明之外表下的陰影；他能解破對方的真情，知道那表面最最單純的其實正包藏著深深的禍心。

10 對自己要有一個基本定位

身處官場，血雨腥風，要分清基本的朋友和敵人。如果你不屬於任何一個陣營，或者你不被任何一個陣營看作是自己人，那你就沒法子在官場上混了。最關鍵處在於讓自己的陣營當你是自己人。這就需要一個對自己的基本定位，根據自己的思想、觀念，站到自己的陣營，並讓這個陣營接納你。這樣就是一個明白人，而不是一個糊塗人。

明朝萬曆二十四年（一五九七）三月九日夜，北京紫禁城內的坤寧宮失火，大火蔓延到乾清宮，皇上和皇后的住處被燒了個乾淨。第二年，皇極殿、建極殿和中極殿也失火燒毀。於是萬曆皇帝遇到了問題：蓋新房的額外開支從哪裡出？他決定安排得力的宦官到全國各地開礦，徵收礦稅和店稅、商稅、船稅，收來的錢直接納入皇宮，不進國庫，算是皇上的私房錢。

陳奉是萬曆特派到湖廣（今湖南、湖北）徵稅採礦的閹官，論級別不過是正八品，相當於科級幹部，論權勢則能與省級大官相抗衡。他率領著一幫主動投靠的親信黨羽橫行湖廣。《明史》上說他「剽劫行旅，恣行威虐。」

也就是說，徵稅徵到了與攔路搶劫差不多的程度。他還下令大規模挖墳掘墓找金子。他的黨羽十分威風，敢在光天化日下闖入民家，姦淫婦女，有的乾脆將婦女掠入稅監辦公的官署。當地官員難免有看不慣的，對他的工作就不那麼配合，當地商人和百姓更恨他入骨。有一回，老百姓聽說陳奉要從武昌到荊州徵收店稅，數千人聚集在路上鼓噪起哄，爭著衝他扔石頭。

陳奉逃掉之後，向皇上告狀，點了五個不配合他工作的官員的名字，說他們煽動老百姓作亂。萬曆本是一個「占著茅坑不拉屎」的皇上，不上班，不辦公，所有的請示彙報基本不看，對家奴的報告卻迅速批示。陳奉告發的五個官員，兩個被抓，三個被撤，其中有兩個還是四品知府。

按說這形勢已經很清楚了：陳奉的來頭太大，惹不起。但是，一個叫馮應京的五品僉事偏偏不長眼。萬曆二十九年正月，陳奉擺酒請客，放火箭玩，把老百姓的房子燒了。老百姓擁到陳奉的門口討個說法。陳奉派兵出去鎮壓，打死了不少老百姓，又將死者的屍體切碎扔在路上，震懾百姓。《明史》上說，湖廣巡撫支可大——當地的最高監察官員——「噤不敢出聲」，而馮應京偏偏上疏向皇上告陳奉的狀。陳奉見馮應京告狀，也反過來告他的狀，說他阻撓皇命，欺淩皇上派出的特使。皇上聽陳奉的，不聽馮應京的，發了怒，貶了馮應京的官，將他調到邊遠的地方去。

這時又有兩個實在看不下去的監察官員跳了出來，一個是給事中田大益，一個是御史李以唐。他們請求皇上原諒馮應京，說陳奉不好，還說皇上把豺狼派到天下各地，專門吃好人。皇上更生氣了，你勸我饒他我偏不饒，乾脆下令將馮應京除名。

陳奉則不斷向皇上打報告，說他派人去棗陽開礦，棗陽知縣王之翰、襄陽通判、推官何棟如也阻撓破壞。皇上又下令將他們撤職。這時，負責監察工作的要員，都給事中楊應文又跳了出來，請求皇上原諒這三位。這些人也不看皇上的臉色，一個接一個往外跳，很像是成心惹皇上生氣。皇上也眞生了氣，乾脆派錦衣衛去武昌，把陳奉告的那些人全都抓到北京關入監獄。處罰再次升級。

馮應京是個清官，在當地收拾奸豪，制裁貪官污吏，聲望甚高。錦衣衛到達武昌，老百姓聽說要抓馮應京，竟有人痛哭流涕。陳奉則得意洋洋，一副小人得志的樣子，將馮應京的名字和罪狀大字寫出，張貼在大街鬧市。老百姓怒不可遏，上萬人包圍了陳奉的住所。陳奉害怕了，逃到楚王府。他的六個爪牙沒跑掉，被憤怒的群眾投進了長江。錦衣衛中也有被老百姓打傷的。

陳奉躲進楚王府後，一個多月不敢露面，請求皇上讓他回北京。皇上將陳奉召回時，這傢伙搜刮的「金寶財物巨萬」，在重兵護送下，「舟車相銜，數里不絕。」而馮應京被押解時，老百姓「擁檻車號哭，車不得行。」還是馮應京自己穿著囚衣，坐在囚車裡，勸老百姓不要鬧了。馮應京和另外幾個阻撓陳奉的官員被押到北京後，拷訊關押，三年後才被釋放。那個阻撓開礦的知縣則瘐死獄中。

陳奉只是萬曆年間諸多礦使稅監之一。《明史》用了半頁紙點出各地此輩的名字，陳奉不過是其中五個字。而這個陳奉腳下就躺著一片經他的手淘汰出局的清官。

爲什麼？看來數萬民眾的呼聲抵不上皇帝的一句話。無論站在哪一派，都不能惹惱皇上。乾隆最忌恨大臣們分幫結夥，黨同伐異，認爲這是歷代的弊政，因此他一上臺就整治這種風氣。當時朝中有鄂爾泰爲首的「滿人黨」與張廷玉爲首的「漢人黨」互相傾軋。乾隆爲此懲治兩人。所以，紀曉嵐即使有心依附於一黨，也要暗著來，不能讓皇帝知道。這就是「躲」。

乾隆後期，作爲一種統治術，又有意無意地讓朝中結成兩派，即阿桂派與和珅派，以求得互相制衡，便於操縱。情勢使然，朝中眾臣也不得不有所依靠。紀曉嵐是個侍從文臣，在別人的印象中，他不願入「局」，這是他的高明之處。他是個尚書，別人認爲他不得不依違其間。

從許多事情上看，他傾向於阿桂。這一則因阿桂的父親阿克敦是他的鄉試座師，兩家關係極爲密切；二則他十分佩服阿桂的才能，對皇帝忠心不貳。

阿桂自乾隆四十一年入閣拜相，已是六十歲的老翁。諸多戎馬之功使他威名素著，「爲近日名臣之冠。」但他毫無驕愎之氣，立身嚴謹，恭謹事上。時人曾以軼事的形式，記下了阿桂當時的形象——

阿桂以滿人拜相，每天早上天不亮就入朝治事，凡事都親自過問，奏稿親自閱看，直到他認爲準確無誤時，方呈送乾隆。乾隆臨時有交辦之事，雖事出倉猝，阿桂也十分謹慎，奏稿的最後一個字「運筆如有千鈞」。讓人一看，就知他是一絲不苟的人。每當皇帝的御輦經過他辦公的直房，他都在房中起立垂手以待，直到皇帝的鹵簿儀仗走遠，才重新坐下。

其實，阿桂位當一人之下，萬人之上，竟恭謹如此，足以反映出皇帝的天威。從自己的爲官生涯中，阿桂或許難以忘掉那幾度被貶，甚至投入牢籠的不測君威，基於「伴君如伴虎」的信條，因而不敢稍有疏忽。

在以往的輿論中，和珅總給人一種勢焰熏天，獨秉朝綱的印象。事實上，和珅實在稱不上擅權，充其量只能稱作竊權弄柄罷了。乾隆晚年，並沒有獨寵和珅。除了阿桂與和珅這一賢一奸之外，還有王傑、董誥、劉墉、嵇璜、紀曉嵐等人，皆以廉能方正聞於時。所以，在老年皇帝的中樞府衙中，實在是「薰蕕同器」，而不相合。

阿桂自乾隆四十二年擔任軍機處首席軍機大臣，直到嘉慶二年病逝，居首揆之位達二十年之久。和珅則始終位在其後。不管這是否出於老皇帝的精心安排，以德高望重，而又安於職分的阿桂壓在和珅之上，都是使和珅之奸弊不得恣逞的一個重要因素。

據記載，阿桂與和珅雖同直軍機處十幾年，除召見議政外，毫不與交接。凡朝夕入直，（阿桂）必離和珅十數步外。和珅知阿桂有意疏遠自己，有事就到阿桂面前相商。阿桂總是愛理不理。可見，兩人根本無法一同議事。當時阿桂的值廬在軍機處的新址，和珅入內右門舊值廬或隆宗門外造辦處。每天只有皇帝召見時，兩人才碰到一起，「退則各還所處。雖亦有時暫至軍機處，而事過輒起。」所以，各部官員凡遇諮詢書稿等定奪之事，就難免要來回於兩個衙門之間奔跑。即所謂：「司員未免趨步兩歧。」

王傑受重用，正是和珅得勢之際。乾隆五十一年，王傑入直軍機處爲軍機大臣，任尚書房總師傅；乾隆五十二年，拜東閣大學士，管理禮部。至嘉慶親政，王傑官至首輔，成一代名相。

王傑廉潔持正，甘於清貧，並不時戒飭門生故吏，拒收饋金，足見其品性與為人。乾隆引以為用，也可謂知人。然而，以王傑的風範，必與和珅格格不入。在諸官僚中，和珅也的確最厭王傑。

其實，直樞垣的諸大臣中，軍機領班阿桂經常在外督師、勘察河工海塘，而福隆安、梁國治先後於乾隆四十九年、五十一年故去。此兩人位至宰輔，一個以椒房親貴，一個以狀元功名，論才氣皆屬平常，絕不是和珅的對手。只有王傑遇事敢爭。

據說，和珅很愛開玩笑。一天，和珅抓住王傑的手，笑著說：「何其柔荑若爾？」以王傑手如女子般纖細白嫩，譏諷嘲笑之。王傑毫不示弱，當即正色回擊：「王傑手雖好，但不會要錢耳。」

一句話揭開了和珅貪污納賄的隱私，將和珅羞辱得滿面通紅，「赧然退。」足見王傑對和珅的厭惡與反感已到了極點。

《清朝野史大觀》中還記載了大學士嵇璜不為和珅書帖之事。

嵇璜，江蘇長州人，字尚佐。雍正八年進士。乾隆二十三年，官至尚書。以治河有功，於乾隆四十四年晉協辦大學士。嵇璜操守清廉，據說其家中一貧如洗。他的女婿曾作詩曰：「老屋區區留不得，而今始識相公貧。」

以嵇璜的清廉和謹飭，必然恥於和珅的貪鄙，卻又不敢公然得罪。

嵇璜工書法。一次，和珅於衙門中見到嵇璜，請他為家中堂屋前的柱子代書一副楹帖。他答應下來，接過和珅所備的宣紙返回家中，卻同時邀請翰林學士數人一同到家中飲酒。酒至半酣，他的書童已將墨研好，上前稟報，卻遭他呵斥，聲稱有客。為客的諸翰林學士急問其故。他將和珅請書楹帖的事說出。眾人以欲觀書法，請他當場書之。但就在他運筆寫好一半之時，站在一旁的書童一下子把墨灑在紙上，頓時污穢不堪。他怒罵書童，直到諸賓客勸解再三方止。

第二天，他便以那張穢紙歸還和珅，而楹帖自然不必再寫了。

這無疑是嵇璜導演的一場鬧劇。他唆使書童傾墨於紙，又使和珅門下的翰林學士親眼目睹，造成一種「非己不為」，而是「有所不能為」的印象。這無非是他既不願迎附和珅，又不敢得罪此權奸的心理反映。

嵇璜被和珅傾陷，又受到乾隆的警告，其謹小慎微，對和珅抱著「去之既無其力，怒之何益」的立身之道，以求自保，是可以想像的。

11 只出主意，不出面

紀曉嵐和劉墉等一班正直的大臣，對和珅的專擅和貪婪行爲極爲痛恨，早就想整治一下，一時間苦無機會。

乾隆四十二年，直隸、山東兩省大旱，田土乾裂，河流乾涸，禾苗枯萎，顆粒無收。初秋，又逢一場多年不遇的蝗災，蝗蟲遮天蓋地，飛經之處，連樹葉也啃噬乾淨。

百姓生活無著，到處乞討爲生。紀曉嵐隸籍河北河間府獻縣，劉墉乃山東諸城人，兩人爲了家鄉的災情，極力向朝廷疏請，發銀賑濟，又呼籲當地富商大賈捐納錢糧，救濟百姓，還厚著臉皮向朝中官員募捐，籌集錢物，寄回家鄉。他們雖竭盡全力，籌集了一些銀兩，無奈災情面廣又嚴重，所籌之數如杯水車薪，仍不能使災情緩和。外出逃荒的人日益增多，餓殍遍野，慘不忍睹。

這天，劉墉來到紀府。兩位知交見面後，一掃往日那種談笑風生的情態。最喜詼諧打趣的紀曉嵐低著頭，嘴裡含著煙嘴，咕咕地抽菸，默無一言。

劉墉乃朝中刑部尚書，爲人剛正不阿，一向爲朝野所倚重，此時歎了一口氣說：

「曉嵐兄，爲今之計，只有我們豁出臉再去向朝中百官募捐，籌集些銀兩，寄回家鄉，以救燃眉之急。」

紀曉嵐一聽，沈默了半晌，說：「事不過三。你我聯名向百官募捐已有兩次，再去募捐，恐令同僚們爲難。不捐，礙於面子；捐吧，量小數微，無濟於事。」

「京中不乏首富之家，但此輩嗜財如命，怎肯做此善舉？」劉墉又歎了口氣。

紀曉嵐聽到首富二字，眼睛一亮，一個主意驀然產生，雙眼灼灼，似笑非笑地問道：「大人以爲京中首富爲誰？」

劉墉略一思索，便道：「京中首富，當推和珅。」停了停又說：「難道我們兩人去求他解囊相助！」

紀曉嵐笑道：「那豈不是引得他笑掉下巴！」

劉墉說：「名傳京師的紀學士有什麼辦法能讓他解囊相助？」

紀曉嵐一臉詭譎的神色，笑道：「依下官之見，如欲『與虎謀皮』，倒不如來個『引狼入阱』啊！」

劉墉也是個極聰明的人，聽了此言，心領神會，忙問：「如何引法？」

紀曉嵐附在他的耳旁如此這般說了一番。劉墉聽罷，撫掌大笑而去。

劉墉回府，分派幾個得力的家人動手做好一切準備，又喚來一個與和府家人相熟的管家，附耳布置了任務，……一切就緒，靜待惡狼入阱。

這天，和珅早朝後回府，幾個侍妾剛剛服侍他脫了官服，一個心腹家人便上前悄悄言道：「大人，小人探得一個重要的消息，特向相爺稟報。」

「什麼消息？」和珅一面喝茶，一面漫不經心地問道。

「劉墉學士府中有二十萬兩銀子，於後天清晨，用馬隊載出崇文門，送往老家山東，救濟災民。」那家人低聲報告。

和珅聽此消息，起初只是有些驚奇，繼而笑出聲來，自言自語：「劉墉呀劉墉，你三番兩次上章彈劾本官貪污受賄，這次可落到我手中啦！你劉氏父子哪來那麼多銀兩？定是來路不明！弄到貞贓，就有好戲看囉！」於是，他點齊一百名家丁，悄悄做了安排，專等明晨去攔截劉府馬隊。

果然，黎明時分，劉府大門洞開，幾十匹馬馱著箱籠，徑直來到崇文門。崇文門守城的門吏本屬和珅專管，早得和珅命令，也不盤查，悄悄地打開城門，放馬隊出城。剛剛走出城門，只聽一聲斷喝：「站住！」隨著聲音，埋伏在城外的和府一百多名家丁手持鋼刀，齊刷刷攔在馬前。

馬隊領頭人上前大喝道：「我們是劉府運送賑銀的馬隊。你們是什麼人，竟敢光天化日，在皇城腳下公開行搶！」

不料「搶」字剛出口，就被人一擁而上，將他的雙手制住，用繩索捆綁起來。接著，攔在馬前的人衝進馬隊，奪過韁繩，扯的扯，拉的拉，將五十匹馬全部驅往和府。劉府押運的人見馬被拉走，任務已完成，立刻四散逃回劉府，報告訊息。

和珅聽說劉府馬隊已全數截住，十分高興。此時天已大亮，看那馬隊時，只見五十匹馬一匹也不少，每匹馬各馱著四個木箱子，木箱外面用鐵釘釘住後還加繩索捆綁，每個箱子上都鮮明地蓋有「一千兩」的印記。計算一下，恰是二十萬兩。於是，他當場吩咐家人將木箱從馬背上卸下，搬入銀庫，然後開箱將銀兩入庫。

和府管家不敢怠慢，忙召集全府男僕，抬的抬，背的背，整整忙了一個上午，才將兩百個木箱抬入庫中。接著便開箱取銀。幾個僕人好不容易用鐵器將一個木箱撬開，卻大吃一驚。裡面裝的哪是什麼銀錠，全是一些大小不一的鵝卵石。

和珅聽到管家稟報，大驚失色，忙令將所有木箱全部打開檢驗。幾十名男僕忙得滿頭大汗，花了一天一晚，終於發現：兩百個木箱裝的全是石頭。至此，和珅恍然大悟，頓腳道：「媽的，我中了人家金蟬脫殼之計。」急令幾個精幹的家丁騎著快馬，沿山東方向追趕。天黑時，追趕的人垂頭喪氣地回來稟報。沿路根本沒有馳過馬隊。和珅這才徹底醒悟到：不是什麼金蟬脫殼，而是中了劉府以假充眞的詭計。

第二天，早朝剛開始，和珅就被劉墉參了一本。劉墉跪在地上說：「啓奏皇上，和珅派家丁將臣運往山東救濟災民的二十萬兩賑銀全部劫走。」

乾隆一聽，大吃一驚，厲聲向站在班中的和珅問道：「和珅，可有此事？」

和珅一肚子委屈無法申訴，只好哭喪著臉，跪在地上回奏：「啓奏皇上，確有此事。但馬上馱的不是銀兩，全是石頭。是劉羅鍋子故意陷害微臣。」

此言一出，乾隆又是一驚。這位一向自詡聰明的皇帝也被弄糊塗了。他望著跪在御案前的兩位重臣，心裡納悶，忙問劉墉：「劉卿，你且回答，這究竟是怎麼回事？」

劉墉回奏：「木箱中所裝全是白銀，計二十萬兩，怎會是石頭？一定是和珅搞鬼，蓄意吞沒這筆賑銀！」

乾隆又問：「劉卿，你父子一向以『廉潔』著稱，家中怎會有這筆鉅款？」

劉墉回答：「啓奏皇上，臣祖上的確沒有遺產。幾代人爲官，靠俸祿爲生，因而家資淺薄。這筆銀兩不是劉家私有，而是朝中大小臣工憐惜山東家鄉受災所捐贈的。這裡有捐贈的花名冊，請皇上明察。」說罷，將名冊雙手呈上。

乾隆接過花名冊，只見上面開列的名字都是朝中官員。他想了想，便沈下臉喝問：「和珅，朕問你，是誰派你差人攔截劉家馬隊？」

和珅見皇上變了臉，趕忙叩頭回答：「臣沒有領受誰的命令。臣一得到這個消息，心想劉府乘夜運銀出京，定有不軌之事，故而吩咐家人攔截。」

乾隆審來審去，劉、和雙方各不相讓，一個說馬馱白銀二十萬兩，一個則說全是石頭，心想此事純是和珅虧理，即使是石頭，無人作證，何不做個順水人情，讓和珅拿出銀子以了結此案。

於是沈下臉，大聲喝道：「大膽和珅，你指使家丁攔截賑銀，形同盜匪，理應治罪！姑念你平日還勤於政事，免予處罰。現命你交出所截銀兩，另外罰款二十萬兩，以賑濟災民。」

和珅見皇上震怒，不敢再說，只好照辦。下朝以後，送還扣押的人馬，派人將四十萬兩銀子如數送到劉府。紀曉嵐、劉墉收到這筆鉅款，連同募捐得來的二十萬，共計六十萬兩，分幾批運到直隸、山東兩處，救濟災民無數。

和珅直到死也不知道這次陷害他的還有紀曉嵐，把賬全算到劉墉的頭上。

12 以機智向人表明立場

要向自己人表明態度，在一些雞毛蒜皮的小事上，暗著折騰對手。這樣，既不讓對方以自己爲敵，又能表明自己的立場，站在自己的陣營。

和珅得寵於乾隆，實在是小人得勢，一時間張狂起來，把一班文臣武將全不看在眼裡。他仗著皇上寵愛，賣官鬻爵，廣收賄賂。便是他的家奴，也有許多官員去孝敬。只要那家奴在他主人面前說一句話，便可升官發財。

當時乾隆的確對和珅的話句句相信，件件依從，別人的話卻很難聽進去。有時遇到皇上動怒，只叫和珅進來說一句話，立刻轉怒爲喜。皇上常把和珅稱爲「我的人」，可見他如何得寵。當四方有進貢的寶物時，皇帝就吩咐和珅自己挑選，把十成裡的三、四成都賞給他。實際上，和珅已經拿到了五、六成，因爲他早已揀去好的東西，拿回自己家裡藏起來，卻把剩下的留給皇帝，皇帝再分給他一部分。這樣，和珅家裡的財寶越積越多，有許多珍品還勝過大內所藏。

有一天，正是望日十五，皇子、公主都進宮朝見，皇后留他們在宮中遊玩。七阿哥和誠親王兩個到了長春宮。七阿哥一不小心，打碎了放在宮中的一隻碧玉盤。這下可把他嚇傻了，因爲這玉盤直徑一尺有餘，顏色翠綠，是乾隆最心愛的。就在七阿哥正守著盤子直哭的時候，湊巧和珅從院子裡走了進來。

誠親王年紀大些，知道這件事只有和珅才有能力幫忙，便拉七阿哥給和珅磕頭。起初和珅不肯管這閒事，後來七阿哥急了，誠親王又許給和珅一萬兩銀子，求他想個法子，和珅這才答應。

到了第二天，誠親王的父親眞的送了一萬兩銀子過去，和珅便從家中拿出一隻碧玉盤，悄悄地安放在長春宮裡。這碧玉盤要比打碎的那隻大上一倍，原也是進貢來的，和珅卻把它留在自己家裡。

此類事體，和珅幹了許多，官卻越做越大，很快升爲吏部侍郎。那班御史看他這樣肆無忌憚，實在有些忍不住，便今天一本，明天一本，雪片似地參奏和珅。但乾隆不聽直言，總是放縱著他。

大學士劉統勳是一個正直的老臣，看和珅鬧得太不像話，常常當面責備。儘管劉統勳忠心耿耿，功勳卓著，但每逢他參核和珅如何貪贓，如何枉法，乾隆卻只是敷衍他。

劉統勳是紀曉嵐的座師，兩人的交往一直十分密切。劉統勳常向紀曉嵐說起這些事。紀曉嵐雖然義憤塡膺，但見聖上如此寵愛和珅，也無可奈何。只能抄錄柳宗元的《蝜蝂傳》，以勸慰恩師：「……今世之嗜取者，遇貨不避，以厚其寶，不知爲己累也。惟恐其不積。及其怠而躓也，黜棄之，遷徙之，亦已病矣。苟能起，又不艾，日思高其位，大其祿，而貪滋甚，以近於危墜，觀前之死亡不知戒。雖其形魁然大者也，其名，人也，而智則小蟲也。亦足哀夫！」

一日午後，一位姓吳的郎中求見紀曉嵐。這郎中本是一位侍郎的管家，因同和珅拉上關係，成了和珅的黨羽，靠著和珅提攜，竟搖身一變，當起官來。吳郎中當官以後，對上司百般諂媚，阿諛奉承，卑躬屈膝；對下屬則敲詐勒索，雁過拔毛，貪贓受賄。他在京中聲名狼藉，正直的官員都恥於與他結交。

這位吳郎中本無什麼才學，卻附庸風雅，愛收藏名人書畫。他看紀曉嵐以文采出眾而名滿朝野，便多次托人向紀學士祈請墨寶。可是紀曉嵐不管他怎麼托人，怎麼送禮，都婉言推辭，不肯給他寫上一字。

誰知吳郎中恬不知恥，竟親自上門求見。紀曉嵐先是讓下人回說，老爺酒醉未醒，不能見客。但吳郎中死皮賴臉，硬是不走，從午後一直等到天黑。

紀曉嵐無可奈何，只好出來見他。但只說：「新患手疾，不能捉管。等日後痊愈，方能獻拙。」

吳郎中看看不能成事，只好悻悻而歸。但他仍未死心，覺得求不到紀學士的墨跡，有傷自己的臉面。於是下了狠心糾纏下去，不達目的不罷休。

有一天，紀曉嵐從朝中回府。吳郎中事先已派人打探得仔細。接到回報後，他便在半路上迎候，攔住紀曉嵐的轎子，非請到吳府小酌不可。

紀曉嵐到了吳府，見吳郎中早已安排人預備好了文房四寶。

吳郎中搖尾乞憐，打拱作揖，求他當場題字。

紀曉嵐知道，這種人得罪不得，不得不勉強應酬。但又擔心毀了自己的聲譽。他心中一動：何不如此如此。於是提毫寫出一副聯：「家居化日光天下，人在春風和其中。」

吳郎中喜出望外，稱謝不迭。當日宴請過紀曉嵐後，又叫人送上一份禮物。

紀曉嵐也不推辭，心安理得地帶回家去。

這回吳郎中的願望達到了，常以此向人誇耀，全然不知紀曉嵐罵了他。直到後來，紀曉嵐因「泄鹽」案充軍伊犁，才有人告訴吳郎中：這對聯是一副嵌頭兒聯，上下聯的第一個字聯起來是「家人」二字，暗罵他那不光彩的出身。

紀曉嵐雖與和珅沒什麼往來，但一同侍奉乾隆，二人也時常在朝中相見。他對和珅的事假裝不知，也不參奏。見到和珅時，謙和有禮，不卑不亢。和珅雖嫉妒他的才能，但那是真才實學，不得不敬重三分。

有一次乾隆出行，由和珅、紀曉嵐等人侍駕，乘船沿運河南行，來到滄州地界，距獻縣才幾十里。這裡原是九河故道，河汊眾多，許多小河注入運河。在一條小河入口處，兩岸土質鬆軟，被水浪沖成許多小穴窩，人們叫它「浪窩」。那時的人缺乏常識，在民間廣泛流傳著一種說法：那是烏龜的寄居之所。說得通俗點，就叫「王八窩」。

乾隆在船上看這裡浪窩很多，覺得有些奇怪，便問紀曉嵐：「這兩岸的坑穴是些何物？」紀曉嵐正要解釋，和珅卻已在一旁答道：「聖上，這裡是紀學士的老家呀！」這是有意戲弄紀曉嵐——將那些「王八窩」說成是紀曉嵐的老家，如此紀曉嵐豈不成了「王八」！

然而，乾隆不知民間有關浪窩的傳說，沒有聽出這層意思來，見和珅多言，又答非所問，便扭頭看了和珅一眼，說道：「和珅勿須多言！」

紀曉嵐對和珅言中之意很清楚，便對乾隆說道：「啓稟萬歲，這穴窩密集之處，便是河深的地方。」

「噢！河深的地方……何以見得？」

「河深」與「和珅」二詞音同，巧妙地回敬了和珅。

和珅聽得清楚，但剛才已受過皇上責備，便不好多言。

紀曉嵐見皇上又問，便又說：「此段河水暗綠，波大浪多，驚濤拍岸，形成諸多浪窩，自然是河深的地方。」

「愛卿所言有理。」乾隆點頭贊同。

連皇上都說有理，和珅更不敢再說什麼了，只好看著紀曉嵐苦笑兩聲，自覺不如紀曉嵐才思敏捷，越發對他敬畏了。

13 不可與小人計較短長

一次，紀曉嵐微服回鄉省親。總管向他報告，說紀家的佃戶莊子和侯陵屯的李戴發生爭執，聽說李戴正要上告官府，興起訴訟。

這李戴乃侯陵屯村的首富，是聞名鄉里的土財主。他雖無功名，但廣有土地，饒富資財，金銀滿櫃，米谷陳倉，更兼熟讀大清律條，有「土刀筆」之稱。他不輕易惹人，人也不敢輕易惹他。

紀曉嵐家在侯陵屯附近有個莊子，住著紀家的幾十家佃戶，在這裡租種紀家的土地。這周圍的土地，除了紀家的，就是李家的，很多地塊自然都是兩家相鄰。

紀家財大官高，佃戶也氣粗膽壯，說話辦事就有些傲氣。

別看紀家在這裡沒人，但主子多大，奴才也就多大。這佃戶莊子裡的管事人倚仗紀家勢力，無論什麼事都要高人一頭，強橫一點。兩家土地相連的地方多了，爲地頭地邊就免不了犯了些爭執，雖未大動干戈，但心裡都憋著一口氣。

眞是無巧不成書，這年秋收時，李戴家的人到地裡收獲，把騾駒子帶去，忘了給牲口帶上籠嘴，騾駒跑到紀家地裡，啃吃了幾口莊稼。這事被紀家的管事人看見了。

這本是很平常的一件小事，但由於雙方已有了嫌隙，沒事還想找事，管家的看這事有了藉口，哪肯輕易放過，就叫人把騾駒子趕到自家莊院去了。

李戴知道這件事後，責怪了家人一番：帶牲口下地不可大意，一定要帶好籠嘴。但他又想：這不是一件什麼大事，牲口駒子嚼啃莊稼固然不對，但雞上牆頭豬躥圈，牲口駒子啃地邊，這都是常見之事，派人說幾句好話，把牲口駒子牽回來也就是了。於是打發人前去道歉，討要騾駒。不料去的人空跑了一趟。

紀家管事的說：「李東家也太小瞧紀家了！牲口啃了莊稼，哪能隨便來個人說說就完？你們李家牲口不懂事，難道人也不懂事嗎？回去告訴你們東家，鼓樂吹打，花紅彩禮地前來謝罪，就可以放回牲口，不然休想！」

李戴一聽，這個條件提得太苛了，真叫人下不來台。你紀家的牲口啃吃我的莊稼也不知多少次，我李戴何曾計較過一回！紀家欺人太甚，不能答應這個條件。

說和人往來說和，過了一個多月的時間，跑了多少趟，雙方都不肯讓步，只好撒手不管了。李、紀兩家的事就這樣僵持下來。

李戴見紀家無禮苛求，不肯放回騾駒，知道這事不驚動官府，是不會善罷干休的，遂寫好狀紙，到縣衙告狀。紀家管事的聽說李戴去縣城告狀，連忙到崔爾莊報信，並說李戴蠻橫無禮，牲口吃了莊稼，不但不道歉，反而到縣衙告狀。紀家總管家一聽，眞是豈有此理，牲口啃了莊稼，不給道歉還算罷了，反而興起訴訟，你李戴眞是光棍一條，蠻不講理！但欺侮別人家可以，欺侮紀家可不行。管家添油加醋，撥火弄焰，要東家出面，給縣官傳個話，打贏這場官司，給李戴一點顏色看看。

紀曉嵐聽了管家的稟告，沈思起來。他居官位顯，閱盡了宦海風波，對官場上人和人的關係瞭解得非常透徹。官場往來，無非是爾虞我詐。有些人官運亨通時，人人出來捧場，自己也逞一時之欲，圖一時之快，爲所欲爲，出盡風頭，成爲叱吒風雲的人物。到頭來終因樹敵太多，招致物議，被人暗中中傷，引起皇上猜疑，身敗名裂。

康熙時的鼇拜就是前車之鑒。他在位時手眼通天，皇上也讓他三分，而且他是功高位顯的滿族大臣，後來卻也未能免得身首異處，全家抄斬。自己是一個漢官，更要爲官謙愼，恭儉忍讓，在對人對事上力求寬恕，得饒人處且饒人，不可結下冤家對頭。他雖在交友會客時戲謔無常，但事後常道歉解疑，讓人們覺得那只是玩笑罷了，並無惡意，在情誼上一如既往。

對眼前這事，他告訴管家，儘量別去衙門，免得傷了兩家體面。找人調解一下算了，不必把事弄大。

紀曉嵐回到縣城，拜會了家鄉父母官。縣官見他是當朝重臣，這次又伴駕微服私訪，心中無限敬仰，便也百般趨奉，還將李戴的訟狀拿給他看。紀曉嵐淡然一笑，若無其事，說聲：「知道了。」順勢請縣官當個居間人，調停一下這場糾紛，不要把這事張揚出去。縣官見他這樣看中自己，受寵若驚，夜不能寐，百般揣度著如何了結此事。

待紀曉嵐回了北京，這邊縣官將李戴傳來。出乎李戴意料，這次不是在公堂上審案，而是在署衙擺上酒席，熱情款待，心中便明白紀家不願堂上相見，而要調解私了。

縣官本想，用紀曉嵐的名義擺上酒席，坐下來哈哈一笑了事，也算給了李戴面子。誰知待他把調解的意思一露，李戴竟然不允。

李戴見紀家不想打官司，心想：不打官司也行，但紀家應該做點表示，好讓人知道我李戴不是好欺負的。將來這事傳出去，外界一聽紀家也敬我三分，我將會身價倍增。

這麼一想，他提出了條件，要紀家用紅彩禮，鼓樂吹打著把騾駒子送回。再不然，有紀曉嵐道歉的一封信也行。

這當然是強人所難。縣官辦不到，也不願去辦，更覺得有傷自己體面。他心中很惱火，只好讓李、紀兩家公堂相見。

李戴以往常代人訴訟，兼又熟悉清律，在公堂上往往勝訴，人稱他「唇如利劍、舌似鋼刀」，成為遠近聞名的「土刀筆」。何況這次他理由充足，更是得理不讓人。公堂上，李戴據理力爭，紀家仗勢不讓。縣官心裡偏袒，但又知道李戴非易與之輩，不敢貿然行事。連過幾堂，均無結果。

這天再次升堂，縣官對李戴不識時務的作為十分惱火，便故意用話激怒他。李戴不知是計，怒火中燒，在大堂上與縣官吵嚷起來。

這下子麻煩了，被縣官抓住了把柄，說他目無官長，咆哮公堂，當堂打了四十大板，拉下去囚禁起來，批駁他的訴狀是「強詞奪理」，判他包賠紀家的損失。這場官司就這樣輸掉了。

但事情到此仍未完結，李戴怒不可遏，哪裡肯服縣裡的判決，隨即上訴河間府。縣官見事情鬧大了，趕忙叮囑紀家的人進京稟報，讓紀曉嵐想辦法了結此案。

紀曉嵐聽完來人的稟報，「唉——」地長歎一聲，從椅子上站了起來，在屋子裡來回踱步。他知道，自己是皇上的寵臣，地方官巴不得有機會效力討好，趨奉諂媚，但此事如此處理就成了仗勢欺人，實在是有違初衷。早知李戴死要面子，給他道個歉，不就結了嗎！這樣做，鄉裡人將會讚我禮下謙和。又何必與那個土財主去爭高低呢？

但事已如此，又不便責怪縣官，那將會毀掉他的前程，人家會說他恩將仇報，傳爲話柄。又轉念一想：總管說這個李戴倚仗自己財大氣粗，一貫挑詞架訟，魚肉鄉里。如今爲牲口騎子吃口莊稼，即使家人有什麼不對，我已托縣令代爲轉圜了，總算讓了你一步，你何必得理不饒人！看來家人所言不假。又想到四叔信中所說「錢花得起，人丟不起」這句話。

思想至此，覺得藉這個事教訓教訓這李戴也好，免得他繼續橫行鄉里，欺壓百姓。看來只好因錯就錯了。於是又寫了一封信給河間知府，讓來人帶回，求他照應一下。

看來一個人辦錯事，有時是有意的，有時是無意的，有的是因聽片面之辭而做了錯決定的。紀曉嵐對李戴這件事就屬於後者，致使李戴憤而自殺。時人也有對這件事抱不平的，知道打官司無法平反，就編了一齣戲，叫《李戴活捉紀曉嵐》，說的是李戴死後，到閻王那裡告了狀，並得到准狀，李戴將紀曉嵐的鬼魂提到閻王那裡質對。當然，閻王是沒有的。不過，這齣戲說明人們對官府這樣判決是不服的。

李戴上訴到河間府衙，知府已收到紀學士的來信，早知此事，上堂之後對李戴的狀紙看也不看，也不聽李戴訴說，立刻將狀子駁回，維持原判。

李戴仍然不服，又上訴到保定直隸總督衙門。到總督衙門告狀談何容易，李戴是花了很多銀子，才打通關節，將狀子遞上去的。

總督看他的狀子寫得好生厲害，不僅告紀曉嵐縱奴逞惡，連知府不依法而斷都告上了，心想：如果依法斷案，必然得罪紀曉嵐。紀曉嵐是當今聖上的寵臣，萬萬得罪不得。如果維持原判，這狀子寫得確實理由充分，既然敢上督衙，難保不告御狀，皇上若知道了，也是非同小可。想來想去，還是一推爲妙。

於是，總督說道：「牲口吃點莊稼苗子，屁大點事兒，也值得到總督府告狀，實在荒唐！」便命轉到巡撫那裡去。

巡撫是個老滑頭，看過狀子，很是氣憤，心想：總督這不是將屎盆子往我頭上放嗎？你不得罪紀曉嵐，我是更不得罪他。於是照方開藥，也說這是小事一宗，要河間府秉公而斷，又轉回了河間府。

河間知府看過批文，明白了督、府兩衙的用意，自己尋思：你們不敢惹紀內閣，我是更惹不起他。也仿照總督、巡撫的辦法，將此案批轉回獻縣。

就這樣，李戴的官司用了一年多的時間，轉了一個大圈，又原路而回。獻縣知縣無可推脫，只得硬著頭皮重新審理此案。

在大堂之上，知縣屢次被質問得無言可答。知縣看李戴硬梆梆的難以對付，最後只得演了個諸葛亮、周瑜密謀破曹的故事，在手心之中寫了「官官相護」四個字，讓李戴跪到近前觀看，並對他說：「依本縣之見，你還是撤訴吧！你的官司是打不贏的。」

李戴看了縣官手中的字，仰頭高喊一聲：「蒼天啊！公理何在？」知道這官司沒法再打了，只得忍氣退出堂來。

下堂之後，他越想越生氣，更覺得這次跟斗跌得太大了，丟人現眼沒有出路，還有什麼臉回去見鄉親。轉而又想：紀曉嵐啊紀曉嵐，我李戴不求升官發財，平生沒有怕過什麼人，這次算讓你欺負死啦！你紀曉嵐手眼通天，難道陰曹地府，五殿閻君也受你擺布不成？我今天和你拚得一死，也要見個高低，到了陰曹地府，也要告你三狀！

他把兒子叫來，問兒子有無膽量進京，給他傳御狀報仇。兒子看萬貫家財已折騰去了不少，到頭來落得個有苦無處訴，有冤無處申，好好的父親更被折磨得遍體傷痕，早已是仇恨滿腔，便滿口答應父親告狀，為父親雪恥申冤。

李戴又問兒子：「為父報仇，捨不捨得花錢？」

兒子哭訴：「為了這場官司，家產已所剩無幾，沒有多少錢財了，兒子為父報仇，捨得拚出去死！」

李戴擦擦橫流的老淚，說道：「依爹看來，你只要捨得花去下房裡的那一囤黑豆，你爹的官司就能贏。」

兒子心想：一囤黑豆能值幾何？爹是讓人家給氣糊塗了！但還是滿口答應下來。

李戴取出早已準備好的狀紙，交給兒子，然後將三尺多長的烏木煙袋桿在膝蓋上折爲兩段，順口插入喉中，傾刻倒地身亡。

兒子悲痛欲絕，殮葬了父親之後，決意遵照父親的遺言，進京傳御狀報仇。看家中的金銀細軟所剩無幾，也只好變賣糧食，就用口袋去裝那囤黑豆，準備到集上賣掉。

不料囤裡的黑豆只有上面薄薄的一層，下面卻是五十兩一個的銀元寶，足有四、五百個。面對這兩萬餘兩白銀，兒子猶豫起來。他這才明白父親是讓自己用這些白銀，買通皇上身邊的人，打通關係，去打贏這場人命官司。可是這些銀子數量太大了，原以爲已經成了窮光蛋，也沒什麼值得吝惜的了，索性豁出去，告他個地覆天翻。

想不到，老爸卻還有留一手，但如果眞的花掉這些銀子，可就眞得窮到底兒了。縱然出了氣，人死不能復生，那紀曉嵐最多落個丟官破財，卻也償不了命，自己日後的生活可又怎麼過呢？說不定還可能再次輸掉官司，那就更沒價值了。如果官司不打，把這筆銀子留下來，也可以安穩過一輩子財主的日子，或許以後還有機會雪恥也說不定呢！

想一想，還是不打這場官司爲好！

他翻來覆去，反覆琢磨，打消了告御狀的想法。一場人命官司就此中止。

但李戴的兒子要進京告御狀的事，十里八鄉都知道，後來卻沒有進京的消息，人們都爲之納悶。直到從他家的長工口裡傳出黑豆囤中藏有銀子的事，人們這才明白，李戴的兒子捨了爹，捨不得銀子，暗暗給他起了個「李捨爹」的綽號。

經歷了這件事，紀曉嵐買到一個教訓：與小人物計較沒什麼意思，倒是自己的名聲受損不小。譬如過道裡遇上一條瘋狗，你讓牠先走就得了。眞的爭執起來，即使打死牠，也不過是一條狗罷了。但你若被咬上一口，那可是一條人命啊！

14 大處著眼，善察對手的起伏

紀曉嵐與和珅之間的恩恩怨怨貫穿於乾隆一朝。與和珅的鬥爭，紀曉嵐是不動聲色，暗暗觀察。他用一生的心機絆倒和珅，爲天下除害。紀曉嵐把和珅的一生觀察得通通透透。和珅如日中天的時候，決不和他硬碰；等他的權力已到了極點，盛極而衰，螃蟹熟了，強弩之末時，再一舉把他拿下。

權臣不好鬥；尤其是奸佞小人，更不好對付。但權臣有他的弱點，長期形成的勢力使他野心膨脹，所謂船大難調頭，一旦新君即位，往往還轉不過身來，或者想轉也轉不過來。這種機會要抓住，關鍵時刻給他致命一擊，必然大快人心。

乾隆五十二年，紀曉嵐升任禮部尚書。在六部中，禮部可以說是最賦閑的衙門，除學校考試、外國貢使等事情外，主要負責國家的重大典禮等活動。但他任禮部尚書前後時間頗長，三掌禮部大印。而且，就在這段時間發生了乾隆向新皇帝平穩交權的大事，這擔子自然不輕鬆。

由於皇帝權勢的特殊性，在老皇帝還健在時，圍繞著皇位這一誘人的權勢，在當今皇帝與準皇帝之間，大臣們都在為自己的將來做打算。因為伴隨著皇位的傳承，必是文武百官政治命運的大起大落，有的人一朝顯貴，通達王侯，有的人則一落千丈，糞土不如。這就是宦海沈浮，也就是人們常說的——「一朝天子一朝臣」。

和珅是乾隆的寵臣，勢焰熏天。隨著乾隆與嘉慶的權力交接，和珅的權力就開始走下坡路了。

與歷史上皇位繼承時多次發生慘劇相比，乾隆與嘉慶的交接是在平靜中度過的。乾隆的父親雍正皇帝是在激烈的皇位之爭中登上皇座的，鑒於康熙末年發生皇位之爭的經驗教訓，他創立了祕密建儲制度：不提前預立儲君。到了某時，由皇帝祕密寫下他選定的儲君之名，密封置於乾清宮正大光明匾後。一旦皇帝駕崩，由顧命大臣從匾後取出寶匣，公布新皇帝人選並當即即位。這樣就避免了諸皇子之間的勾心鬥角。

乾隆就是遵循雍正所定的家法祕密選定儲君的。顒琰（即後來的嘉慶）出世時，他的十四個兄長中已死去八個，其中較受乾隆寵愛的皇五子顒琪，幾年後也死去，可備乾隆選擇的範圍實際上已經很小，究竟屬意於誰，已經與年齡、排行乃至生母的地位並無太大關係，而全看每個人的表現了。這就給了顒琰一次大好的機遇。

顒琰是乾隆的第十五子，在乾隆的十七個兒子中排行靠後。他的生母魏佳氏是內管領清泰之女，本屬漢軍，後抬入滿洲旗，並無特殊背景，入宮後很長時間都是個一般的「貴人」。乾隆十年（一七四五年）封爲令嬪。她爲乾隆生了四子二女，因此於乾隆三十年（一七六五）被晉升爲貴妃，四十年死去。一生未得乾隆特別恩寵。

乾隆二十五年（一七六〇）十月初六日，顒琰出生於京郊圓明園的「天地一家春」殿。此時的乾隆已年逾五十歲。排行既後，又出於庶妃的顒琰，按說沒有繼承大統的可能，但機遇卻偏偏落到他的頭上。

他性格內向、凝重，雖不像十一阿哥顒理那樣才氣橫溢，但勤奮好學，守規矩，尤其重視仁孝。這些表現，都是已年逾花甲的老皇帝所特別欣賞的。

乾隆選繼承人還有一個最重要的原則：後來者必須繼承他的政策，把自康熙開創的盛世保持下去。顒琰無疑符合乾隆的選嗣標準。連當時來京的朝鮮使臣也多次向他們的國王彙報說：顒琰爲人持重、度量豁達，最爲皇上喜愛。

乾隆三十八年（一七七三），乾隆年已六十有三，建儲一事刻不容緩。在極其祕密的情況下，他未與任何人商量，即將建儲的密旨寫好，藏到正大光明匾後。事畢，他也未召集諸王和文武大臣宣示，只是向軍機大臣通告了一聲。

他所立的儲君就是十五阿哥顒琰。

此後，乾隆用了二十餘年的時間，不動聲色地觀察著顒琰的品質和才幹。能在眾多兄弟中被獨獨挑選出來，又在十四到三十五歲這樣漫長的時間中，經受了具有豐富之政治經驗的乾隆種種觀察、考驗，終於被確立爲繼承人，說明顒琰的資質確非一般。

顒琰從六歲起跟隨師傅侍郎奉寬讀書，十三歲學通五經，然後從工部侍郎謝墉學今體詩，從侍講學士朱珪學古文古體詩，打下了堅實的文化基礎。

在乾隆嚴格管束下長大，他品格端方，行事勤勉，生活儉樸，待人寬厚，而且特別能夠約束自己。他多少能體恤民生疾苦，一心想有所作爲，做個好皇帝。不錯，翻閱清朝正史，找不到對他荒淫、貪婪、昏庸、陰險行爲的記載；翻閱清人筆記、逸聞，也查不著他的哪怕一件風流韻事。可是，清朝的統治還是不可避免地在他手中衰敗下去。他沒能有所作爲，是清朝近三百年中最無特色的皇帝。這也許是因爲他生不逢時。

決定當政六十年就傳位給皇子，據乾隆自己說，是他即位當天向蒼天許下的諾言。那是雍正十三年（一七三五）八月，雍正暴死於圓明園。遵照雍正遺詔，其子弘曆順利登上皇座，就是乾隆帝。在舉行即位大典時，他焚香告天，鄭重宣稱：「當年我的祖父康熙皇帝曾御極六十一年，我實在不敢相比。若是承蒙皇天眷佑，到乾隆六十年時，我就八十五歲了，屆時一定會傳位皇子，歸政退閑。」

很難說得清一個二十五歲的年輕皇帝此舉是心血來潮，還是什麼。但六十年在他眼中，肯定是個非常遙遠的過程。

首次披露歸政，是在乾隆三十七年十一月向皇子們下達的諭旨中提及：「朕八旬開六歸政。」

第二年，十五阿哥顒琰被密定爲皇太子。歸政一事，至少在乾隆胸中有了大致的輪廓。與此同時，爲歸政以後有個優遊頤養之所，他加緊了圓明園以東長春園的修建工程；到了六十歲，又下令在紫禁城內預葺寧壽宮。

乾隆四十三年，東巡時發生了錦縣生員金從善跪在御道旁上書「建儲」、「立后」的事件，六十八歲高齡的皇帝經過反覆權衡，終於認爲已到了向天下臣民公開表示自己無意「貪戀天位」的時候了。在殺掉金從善的同時，他向全國頒布了「明發諭旨」，鄭重宣布乾隆三十八年時已將皇太子祕密選定，並親書密旨緘封，到乾隆六十年一定「傳位皇子，歸政退閑。」爲了表白自己的誠意，他在諭旨中特別交代，如果在預定的歸政之年以前，身體狀況不佳，「不能似今之精勤求治，亦不肯貪天位以曠天。」一句話，他隨時準備交出最高權力。

時任禮部尚書的紀曉嵐成爲這一歷史盛典的具體操辦者，心情當然極爲複雜。

「禪讓」本是中國傳說中遠古時代部落聯盟推選領袖的制度。相傳堯爲部落聯盟的領袖時，即由四嶽推舉舜爲他的繼承人。在對舜進行了三年觀察考核後，他開始讓舜幫助辦事。堯死後，舜即位，用同樣的方式，經過治水的考驗，確定禹爲繼承人。禹即位後，又以東夷族首領皋陶爲繼承人。皋陶早死，又以東夷族首領伯益爲繼承人。禹死後，禹的兒子啓殺伯益，即王位，確立了傳子制度，禪讓制也就廢除了。

秦始皇確立家天下的制度後，後代有的只是行名義上的禪讓，實際上都是脅迫，如東漢獻帝之禪讓曹魏、唐昭宣帝之禪讓後梁朱溫等等。惟有乾隆傳位其子嘉慶尚存此義。

所以說，乾隆此舉，在有清一代近三百年中是第一次，就是在整個中國封建社會恐怕也是惟一的一次，因爲這是在和平氣氛下父子之間親自實現交接的，可算是空前絕後。美中不足的是，此事一直拖到乾隆六十年的最後一個季節，才開始著手辦理。

15 小處著手，抓住對手的失誤

乾隆六十年（一七九五）九月初一日，乾隆召阿桂、和珅等八位大臣進宮議事，擬立顒琰爲皇太子，並定於明年元旦爲嗣皇帝嘉慶元年。對乾隆內禪讓位，眾皆無異議。一是乾隆早有言在先，近幾年他也不只一次表明此意；再是乾隆已八十有五，雖然神采奕奕，畢竟精力不濟，所以大臣們口頭上說兩句「聖上身體尚且康健，內禪之事可從緩計議」的話，便再也不說什麼。惟獨和珅極力反對——這是和珅的致命錯誤。

據說當時群臣退出之後，和珅流著淚向乾隆陳奏：「皇上恩施天下，四海之內仰皇上若父母，皇上多在位一天，百姓也多感戴一天，臣沐恩養恩慈，犬馬尚未效盡，皇上念臣念百姓一片心誠，也不該這麼急著就內禪讓位呀！」

雖然乾隆已決定把皇位讓給自己的兒子，可眞到了讓位的時候，內心深處也很不捨他坐了六十年的寶座。可身爲皇上，登基時就發過誓的話，是不能食言的。他的內心很矛盾，聽完和珅的一番話，也只能長吁一口氣道：「朕已經老了啊！」

和珅馬上回道：「皇上怎麼能說老了呢！相傳堯在位七十三年，舜在位九十年，堯舜的年紀都在百歲左右。如今皇上龍體康泰，肯定會比堯舜長壽，過幾十年再傳位於太子也不晚呀！」

乾隆撚著鬍鬚踱了幾步，又停下來，終於說道：「朕蒙天佑，甲子已周，怎麼還敢再生奢望呢？此事，和愛卿就不必多講了！」

和珅卻繼續勸阻：「可太子年幼，這朝政大事，只怕，只怕是……」

和珅的話未嘗沒有說到乾隆的心坎上，他的心裡矛盾極了，因而大感煩躁，便說道：「和愛卿不必憂慮！朕躬尚在，若是太子初登大寶，不諳國事政事，朕可隨時訓示於他。和愛卿如無它事，就退下吧！朕想一個人坐一會兒。」

和珅不願乾隆退位，尤其不願讓顒琰繼位。他對幾位皇子最知根柢，知道顒琰是其中最有心計的一個，且對他戒心最大。一旦顒琰即位，對他是最大的威脅。他從乾隆的神色與口氣裡看出乾隆不想退位，立刻暗地裡活動幾個親王，於當晚聯名上奏，請皇上暫緩歸政。

乾隆思來想去，覺得已把內禪之事同八位大臣議決，絕無再收回的道理，只好又把曾對天盟誓「不敢與皇祖六十有零的年數等同」的話說了一遍。

和珅見無可挽回，第二天一早便來叩見顒琰，恭賀大喜。他嘻著笑臉奉承道：「太子聰敏睿智，相貌奇偉，中外屬望！太子繼位，眞是我大清社稷之幸，百姓之福呀！」

顒琰是一個行事緻密，含而不露的人。和珅不願他繼承皇位，暗下活動，他通過耳目，早已知道得非常清楚。可他更知道和珅在父皇心目中那非同一般的位置，只要父皇在世一天，決不能驚動他，否則，如果他在父皇面前極盡讒言，哪天被父皇廢掉也未可知。於是他微微含笑地說：「和愛卿乃朝廷中堅之臣，爲父皇所倚重，將來朝中一應大事，和愛卿還要多多勞心才是！」和珅立即回答：「臣自當效犬馬之勞！」

顒琰又把和珅誇了幾句，給了他一顆定心丸。此時，和珅失敗的命運已注定了。

九月初三日，乾隆對傳位大典的儀式、提法一一做了具體安排，命軍機大臣草擬了有關文件，決定於明年正月元日舉行大典。大典一應體式程序由禮部擬制，錄奏聖裁。

在清朝，內禪之禮過去還沒有舉行過。紀曉嵐爲禮官之長，領著一班人翻閱查看了歷代所有的內禪程序，但苦於與這次內禪的實際意義不同，因而不便援引，最後他只好斟酌綜合，歷時三個月才擬寫出來。這是才思敏捷的紀曉嵐交卷時間最長的一份答卷。乾隆見儀式安排得隆重、威嚴，很有氣勢，非常高興，朱批照行。

在制定大典程序的過程中，紀曉嵐無疑起了主要作用。因爲他是漢禮部尙書，又博通古今，有這方面的優勢。

王昶說他：「逮爲禮官之長，遇乾隆皇帝內禪之禮。進冊授寶之禮之所未備，禮臣參稽經訓，綜以會典，斟酌進呈，次第舉行，亦君所擬定者爲多。」此說應非虛語。

「太上皇」一稱是由中國歷史上確定「皇帝」名號的秦始皇首創的，他追尊自己的「父親」莊襄王爲太上皇。那是死後追贈，自然不足與自己比擬。乾隆心裡這樣想。漢高祖劉邦雖然尊稱當時還在世的父親劉太公爲太上皇，那不過是做兒子的施給其父的榮光。至於後來唐高祖因諸子兄弟鬩牆、唐睿宗怵於武德殷鑒、唐玄宗倉皇入蜀——都是爲子所逼，不得不放棄帝位，做一個毫無實權的太上皇。宋高宗則是因爲外惕強鄰，內耽逸豫，更不足掛齒。三代以下如此，那麼，遠古時期的禪讓呢？乾隆心裡也不以爲然。唐堯、虞舜禪授賢能固然足稱盛事，但授受者並不是一家父子，只能稱爲「外禪」。就禪讓而言，乾隆有充分的理由認爲，眼前的授受大典，「不特三代以下所未有，以視堯舜，不啻過之。」

的確，清嘉慶元年正月初一日在北京紫禁城內太和殿舉行的帝位禪讓大典，無論在形式上，還是實質上，都堪稱中國古代交接國家最高權力的空前完美的典範。

歸政盛典爲乾隆豎立起了又一座，也是最後一座政治豐碑。

16 公開表態，與對手分道揚鑣

眼看就到了傳大位的日子，和珅察覺到嘉慶對他不太喜歡，有事常把劉墉、董浩、紀曉嵐召去商量，而這幾個人都是他的死對頭，心中十分不舒服。但他想：即使皇上退位，當了太上皇，那說話也是算數的；仗著太上皇的威勢，新皇上也無奈我何。將來太上皇過世，我就來個辭官不做，頤養天年……

爲了不讓嘉慶立刻執掌大權，他暗暗地慫恿乾隆傳位不傳璽，對嘉慶加以限制。乾隆果然聽了和珅的話。元旦這天早朝，舉行禪讓大禮，宣布乾隆退位，皇太子顒琰繼位，改年號爲嘉慶。到了授璽時，麻煩出來了。軍機大臣和珅站出來宣讀乾隆的諭旨：「朕於今日傳位於皇太子顒琰，猶思傳璽一節乃爲最要，特定日後另行慶典。」這道諭旨一出，整個太和殿亂成一團，亂烘烘的議論聲打破了往日的威嚴。

剛坐上皇帝御座的顒琰不知如何是好，一時呆呆地愣在那裡。

這時卻聽到大臣中一聲高喊：「安有無大寶之天子？」這聲音一出，亂烘烘的太和殿立刻安靜下來。人們尋聲望去，見說話者正是內閣大學士劉墉。

禮部尚書紀曉嵐剛才看授璽一節沒有按他事先起草的授受禮舉行，一時也沒了主意，這時看劉墉站了出來，心裡立刻鎮靜了，當即宣布：「傳璽另行頒禮，與祖制有違。待禮部奏請皇上，傳璽一體舉行。賀禮暫停。」太和殿裡又亂了起來。

紀曉嵐走出太和殿，劉墉緊跟出來，兩人一同入寧壽宮覲見太上皇。

見到乾隆，跪拜後，紀曉嵐奏道：「啓奏陛下！傳璽一節改行頒禮，群臣議論紛揚，言說不合古制。紀曉嵐以禮部之責，奏請陛下授璽。陛下英明萬古，宜早做決斷，以平文武百官之議。」

乾隆對此早有預料，坐在那裡不急不忙，也不講話。他其實心裡清楚：哪有傳位不傳璽的道理？只是禁不住和珅竄掇，對執掌了六十年的國璽戀戀不捨，遂在前一日寫下諭詔。到今天早晨，心想這樣做實在太不合適，又猶豫起來。

劉墉、紀曉嵐兩人跪地不起，乾隆也不說話。

於是，劉墉奏道：「陛下臨御六十載，親政愛民，國泰民安。今日陛下不能絕繫戀王位之心，則傳禪可止。傳禪而不與大寶，則天下聞之，謂陛下何如？懇請陛下聖裁！」

事已至此，乾隆也十分尷尬：不傳位已經不行；當個逍遙自在的太上皇，又捨不得手中的權力。不傳大寶，這傳禪大典就得停擺，也招架不住這幫老臣勸諫。眼前的劉墉、紀曉嵐是自己寵愛的老臣，急得不要命地力爭，再堅持下去，豈不逼得天下大亂？

思慮再三，最後乾隆同意交出玉璽，但同時給嘉慶定下手諭：所有一切奏章，都須送朕閱看；即便是軍國大事，也須請過太上皇訓，才可執行。

太和殿裡早已等急了，大臣們一看劉墉和紀曉嵐眞的把大寶從寧壽宮中抱了出來，立刻變得鴉雀無聲，個個目瞪口呆。只聽禮部尚書紀曉嵐說道：「宣太上皇聖旨。」文武百官立刻跪下聽旨。「朕原想在禪禮之日親手傳璽，不料近日欠安，不能親行頒禮，擬頒禮遲行。又思傳位不傳大寶，史無前例，特賜傳璽之禮一體舉行。自今而後，朕不再御太和殿。欽此。」聖旨宣畢，大臣們立刻歡呼：「太上皇萬歲，萬萬歲！」傳禪之禮隨之告畢，一場中國歷史上鮮爲人知的鬧劇就這樣拉下了帷幕。

一朝同時有兩個皇帝，這在歷史上是絕少有過的現象，對當時的臣子來說，更不是好事，因爲他們不得不同時面對兩個主子。老皇帝餘威猶在，得罪不起；新主子早晚會總攬大權，可以決定你以後的命運，當然更惹不起。如何在兩者之間找到平衡的方法，做到左右逢源，這是每一個臣子頭痛的事。

乾隆禪讓後，一絲一毫也不肯讓權。他是那種越到晚年，對虛榮和權力的欲望越強烈的人。決定傳位的同時他就明確宣布，凡遇軍國大事和用人事宜，他決不會置之不問，仍要親自處理。他命軍機大臣擬定的傳位規定，使太上皇的禮儀規格和實際權力都遠在嗣皇帝之上；嘉慶雖貴爲天子，他卻是淩駕於天子之上的天子之父。他決不甘心做歷史上常見到的那種養尊處優，毫無實權的太上皇。

按他的規定，太上皇帝仍然自稱爲「朕」，他的諭旨稱爲「敕旨」。題奏行文時，遇天、祖等字高四格，太上皇高三格，嗣皇帝高二格抬寫。太上皇生辰要稱萬萬壽，嗣皇帝只好降稱萬壽。文武大員進京陛見，新任官員離京赴任，都必須覲見太上皇，恭請太上皇「恩訓」。

這還不夠，傳位以後，乾隆藉口已在養心殿住了六十年，只有這裡才「安全吉祥」，便於召見群臣，無論如何也不肯搬到早就修葺好的寧壽宮。於是，理應入主養心殿的嘉慶只好仍屈居在皇子所住的毓慶宮中。乾隆還給毓慶宮賜名「繼德堂」。

還有，嘉慶改元，全國上下當然應該統一使用嘉慶新曆，可是清宮中還是用乾隆年號，譬如乾隆六十一、六十二年等等。據說，紀曉嵐就曾留下這麼一本皇曆。新皇帝即位，按說錢幣也該改鑄「嘉慶通寶」，可這幾年，卻是乾隆、嘉慶兩個年號各半分鑄。

17 冷眼旁觀，假手於上

此時嘉慶已是三十五歲的壯年，滿肚子抱負不得施展，反倒成了太上皇的陪侍。正月初一，御太和殿的不是皇上，而是太上皇，皇上只能率領王公大臣及百官在殿下向太上皇慶賀行禮。太上皇外出巡幸，他不得不跟隨左右；太上皇面南聽政，他只能在西向侍坐。每日只全神貫注於一件事，就是太上皇的喜怒哀樂。這是嘉慶修心忍性的一段日子。朝鮮史書上就有這樣一段記載——

嘉慶元年正月十九日，也就是傳位大典舉行完畢的半個月以後，朝鮮到清朝朝廷進賀的使節李秉模被乾隆召見於圓明園的山高水長閣。諸位使臣到乾隆御榻前跪叩之後，太上皇便派和珅宣旨：「我雖然歸政，大事還是我辦。你們回國問國王平安，道路遙遠，就不必差人來謝恩了。」

黃昏時分，太上皇從山高水長閣出來，登上一隻小船，嘉慶也坐上一隻小船跟隨著，讓李秉模等人乘大船跟在最後。行幾里許，下船進入慶豐圖殿，又見太上皇躺在樓下的榻上，嘉慶侍坐一旁，看戲喝茶。

回到住所，李秉模曾遣人去禮部詢問：「從今以後，我國凡有進奏進表的事，是不是要在太上皇和嗣皇帝面前各進一份呢？」他得到的回答是：「現在軍機處還未定例，以後會發文書的。」

二十六日，李秉模等人被召到禮部，官員向他們宣讀了太上皇的御旨：「以後外藩各國只須查照年例，具表進貢，就沒有必要添備貢物給太上皇、皇帝分成兩份呈進了。」

三月十二日，朝鮮國王召見了回國的李秉模，問他：「太上皇身體還康健嗎？」

「還好。」李秉模回答。

「聽說新皇帝仁孝誠勤，聲譽遠播，是嗎？」

「看相貌倒是和平灑落，只是看他在終日歡宴遊戲之時，總是目無旁視地侍坐在太上皇身旁，太上皇喜則亦喜，笑則亦笑，也就知道他是什麼樣了。」

實際上，這正是嘉慶的韜晦之計。他平日起居和臨朝，沈默持重，喜怒不形於色。可每當舉行經筵典禮時，他傾聽得特別專注。最受他眷注的是閣老劉鏞和紀曉嵐等人。大概是因爲他們在朝野德高望重，爲人正直，而且惟獨他們不阿附和珅。

嘉慶當嗣皇帝的那幾年，對當太上皇的老子尚可容忍，最讓他忍無可忍的是太上皇的寵臣和珅。

乾隆禪位之後，雖然仍不肯放權，但畢竟已八十有六，記憶力大爲衰退，所熱衷的只是享樂遊宴，和珅便成了出納帝命之人，所傳的太上皇意旨是眞是假，誰也無從印證，於是他專擅日甚，甚至敢在嘉慶面前炫耀老皇帝賦予他的特權，竟毫不顧及日後可能招致殺身之禍。眞是十足一副小人得志的嘴臉。

在太上皇「訓政」之下當皇帝，那滋味已夠嘉慶難受，再出來這麼個「二皇帝」，他又怎能不切齒？只是「投鼠忌器」，礙著太上皇的面子，表面上不動聲色罷了。

乾隆六十年公布皇太子人選之前，和珅先搶了一步，給顒琰呈遞一柄如意，意思是向他透露消息，表明他的當選皇太子都是和珅擁戴的結果。顒琰自是十分惱火。傳位大典舉行之後，和珅又以擁戴自居，出來進去，一派狂傲之色。

據史料記載的一件事，可以說明和珅當時的影響：嘉慶即位後，曾有意把他的老師，時任兩廣總督的朱珪調來京師任大學士，並已徵得太上皇的同意。嘉慶非常高興，寄詩向朱珪告知消息並表示祝賀。和珅知道後極爲不滿，立即在乾隆面前挑唆：「新皇帝想示恩故人。」結果，已在北上途中的朱珪被發到安徽去做了巡撫。

一次宴席上，和珅又挑唆乾隆減掉太僕寺馬匹，弄得嘉慶歎氣道：「從此不能復乘馬矣。」

可是當人們看不過，紛紛議論時，嘉慶又裝得若無其事：「朕正依靠著相公（指和珅）治理四海之事，你們怎能輕慢他呢！」

然而和珅儘管狂傲，也知道太上皇來日無多，所以對嘉慶處處提防。嘉慶更深知自己嗣皇帝的位子能否坐穩，決定於太上皇的好惡，所以決不能讓和珅抓住把柄。兩人的鬥法，從嗣位之日即已開始。和珅把自己的心腹吳省蘭安插到嘉慶身邊，明為幫助抄錄詩草，實為監視他的動靜。嘉慶心下明白，虛與委蛇而不露破綻，韜晦之功委實不淺。不過，嘉慶也知道，和珅再狂，畢竟身分是個奴才，在合適的場合，他也會抖抖皇上的威風，來個「偶爾露崢嶸」。

相傳有這樣一則逸聞——

一次，和珅與朝貴們談話，言必盛稱太上皇。嘉慶聞知，私下裡怒罵：「和珅這個狗奴才，可恨他竟敢蔑視朕躬！不給他一點顏色，他還做夢哩！」

第二天，他把和珅召到便殿，低聲問道：「太上皇待你好嗎？」

「太上皇恩典，天高地厚，奴才雖死不忘。」和珅頓首回答。

「那麼，朕待你又如何？」

「陛下待奴才恩典，雖不能與太上皇相比，奴才亦誓死以報！」

「好個誓死以報！」嘉慶冷笑，又問：「太上皇與朕，哪個賢明呢？」

「……這個……奴才不敢說……」

「你說！」嘉慶強行追問。

和珅只得回答：「太上皇有知人之明，陛下有容人之量。」

「好個容人之量！你等著吧！」嘉慶又一次冷笑。

和珅嚇得渾身戰慄。及至出得便殿，已是汗流浹背，身上幾層衣服都被浸得透濕。

民間還有這樣一則傳說——

太上皇訓政時，一日早朝罷，又專門召和珅入見。和珅進去時，見太上皇南面獨坐（這歷來是皇帝的位子），皇帝則西向坐在一張小杌上（太上皇訓政以後召見臣工，都如此坐）。和珅下跪良久，只見太上皇雙目緊閉，口中好像喃喃說著什麼。嘉慶極力傾聽，卻怎麼也聽不懂一個字。

過了好久，太上皇突然睜開眼問道：「這人叫什麼名字？」和珅馬上應道：「徐天德、苟文明。」太上皇又閉上雙目念叨起來。過了很久，才讓和珅退下。

這一場景令嘉慶十分驚駭，便去問和珅。和珅告訴他：「太上皇念的乃是西域一種祕咒。只要對所憎惡的人誦讀此咒，這人即使在千里之外，也會無疾而死，或者遭到奇禍。我剛才聽太上皇念這種咒，就知道他肯定詛咒的是教匪（指當時剛剛爆發的川楚陝白蓮教起義）無疑，所以我就拿教匪中兩個首領的名字應對了。」

嘉慶聞聽，益發驚駭。他知道和珅肯定也嫻於此術，若是哪天一不留神得罪了他，讓他咒個無疾而終，豈不太冤！所以，他下定決心要盡早除掉這個心腹之患。

18 除惡務盡，落井下石

在這種微妙的關係中，紀曉嵐無疑是個明白人。他當然站在一幫正直大臣和新皇帝嘉慶一邊，並與乾隆的寵臣和珅極力周旋，始終不與之同流合污。

嘉慶四年，朝鮮使者徐有聞就說：「和珅專權數十年，內外諸臣無不趨走，惟王傑、劉墉、董浩、朱珪、紀曉嵐、鐵保、玉保等諸人，終不依附。」

嘉慶帝登基以後，心中十分感激劉墉和紀曉嵐，以寶冊元老對待，除治和珅的念頭則一天更比一天強烈。

轉眼到了嘉慶四年正月初三，乾隆死在乾清宮。初四，嘉慶便降下諭旨：褫去和珅軍機大臣、九門提督等銜，命他與福康安晝夜守在直殯殿，不得擅自出入。

滿朝忠正大臣終於等來奏劾和珅的機會，誰也顧不得去考慮如何追悼先皇，料理殯事，卻紛紛上疏，揭舉和珅的種種罪行。幾日內，嘉慶收到大臣們的奏摺上百件。

正月初八，嘉慶下旨，命成親王、儀親王帶御林軍去捉拿和珅。因怕路上有人劫奪，又派御前侍衛勇士阿蘭保沿路保護，把和珅一直拖進刑部大堂。然後派吏部尚書、體仁閣大學士劉墉，軍機大臣刑部侍郎董浩，會同八王爺永璿等嚴刑審問。和珅讓大刑一伺候，立刻疼得哭爹喊娘，熬不過，只得一一招供。嘉慶又派人查抄和珅及其家人的家產。並宣布和珅的罪狀，要地方督撫設罪，繼續揭發檢舉。

劉墉吩咐將和珅釘上鐐銬，收進大牢，然後把審問的情形一一向皇上奏明。

十五日，嘉慶下諭，宣布和珅的二十條罪狀——

「朕於乾隆六十年九月初三日，蒙皇考冊封皇太子，尚未宣布諭旨，而和珅即於初三日在朕前先遞如意，漏泄機祕，居然以擁戴爲功，其大罪一。皇考在圓明園召見和珅，伊竟騎馬直進左門，過正大光明殿，至壽山口，無父無君，莫此爲甚，其大罪二。又因足疾，乘坐椅轎，抬入大內，肩輿出入神武門，眾目共睹，毫無忌憚，其大罪三。並將出宮女子娶爲次妻，罔顧廉恥，其大罪四。自剿辦教匪以來，皇考盼望軍書，刻縈宵旰，乃和珅於各路軍營遞到奏報，任意延擱，有心蒙蔽，以致軍務日久未竣，其大罪五。皇考屈躬不豫時，和珅毫無憂戚，每進見後，出向外延人員敘說，談笑如常，喪心病狂，其大罪六。昨冬皇考力疾披章，批諭字畫間有未眞之處，和珅膽敢口稱不如撕去，竟另行擬旨，其大罪七。前奏皇考御旨，令伊管理吏部、刑部事務，嗣因軍械銷費，伊係熟手，是明又諭命兼理户部題奏報銷事件，伊意將户部事務一人把持，變更成例，不許部臣簒改一字，其大罪八。上年十二月内，奎舒奏報循化、貴德之廳賊番聚眾千餘，搶奪達賴喇嘛商人牛興、殺傷二命、在青海肆劫一案，和珅竟將原奏駁回，隱匿不辦，全不以邊務爲事，其大罪九。皇考升遐後，朕諭命蒙古王公未出痘者不必來京，和珅不遵諭言，命已未出痘者俱不必來京，全不顧國家撫綏外藩之意，其居心實不可問，其大罪十。大學士蘇凌阿兩耳重聽，衰邁難堪，因係伊弟和琳姻親，竟隱匿不奏；侍郎吳省蘭、李潢，太平卿李光雲皆曾在伊家教書，並保舉卿階，兼任學政，其大罪十一。軍機處記名人員，和珅任意撤去，種種專擅不可放掉，其大罪十二。昨將和珅家查抄，新蓋楠木房屋，僭侈逾制，頗多寶閣及隔段式樣，皆仿照寧壽宮制度，其園囿點綴，竟與圓明園蓬島瑤台無異，不知是何肺腑，其大罪十三。薊前墳塋，居然設立享殿，開置隧道，致附近居民有和陵之稱，其大罪十四。家内所藏珍寶，珍珠手串竟有二萬餘串，較之大内，多至數倍，並有大珠，較御用冠頂尤大，其大罪十五。又寶石頂原非伊應戴之物，新藏其寶石頂，有數十餘個，而整塊大寶石不計其數，且有内府所無者，其大罪十六。家内銀兩及寵物等件，數逾千萬，其大罪十七。具有夾牆，藏金二萬六千餘兩，私庫藏寶六千餘兩，地窖內並有埋藏銀兩百餘萬，其大罪十八。附近通州、薊州地方均有當鋪、錢店，查計資本，又不下十餘萬，以首輔大臣，下與小民爭利，其大罪十九。伊家人劉全不過下賤家奴，而查抄資產竟至二十餘萬，並有大珠及珍珠手串，若非縱令需索，何得如此豐饒，其大罪二十。其餘貪縱狂妄之處，尚難盡數，實從來所罕見罕聞者。」

一時間，和珅的案子成為人們關注的中心，紛紛互相傳告。紀曉嵐家中成為一個資訊站，一些平素跟他要好的官員都集中到他這裡打聽消息。他這裡的消息又快又準；因為劉墉、董浩都是他的好友，軍機大臣劉權之又是他的門生，都參與審訊和珅一案。紀曉嵐是禮部尚書，雖無緣參與，但其動靜，他了解得一清二楚。他派人給劉墉送去一封請柬：備好蟹宴，敬請石庵；倘若來遲，蟹湯喝乾。

劉墉正忙著審訊和珅，一見請柬，笑了，心想：這紀春帆又打聽消息來了。他揮筆寫下幾行字：螃蟹已拿，我等嘗鮮。惟餘一爪，遺公解饞。然後找出一份事先抄錄的查抄和珅家產清單，交給來人一併帶回。

紀曉嵐拿過清單，展開與眾人觀看——

「已抄出家產計：上赤金八十萬兩，值銀一千二百八十萬兩；中赤金三百五十萬兩，值銀一百二十五萬兩；一切金器爐灶，值銀一百七十九萬兩；人參一百六十斤，值銀七十八萬二千兩；大珠一顆，值銀一千五百萬兩；珍珠二百二十串，值銀二千六百五十萬兩；散小珠，值銀二百四十萬兩；散銀二十四庫，計二千四百萬兩；寶石頂六十八個，值銀六十八萬兩；大塊寶石四十二方，值銀一百六十八萬兩；珊瑚、瑪瑙，值銀八十五萬兩；貓兒眼密脂綠松石，值銀一百二十四萬兩；古玩器物，值銀三百七十二萬兩；五彩各色寶石，值銀八百四十萬兩；皮錦夾單紗衣二萬六千餘件，值銀七十二萬三千萬兩；大小貂皮五千九百餘張，值銀六萬三千兩；粗細裝修陳設等件，值銀一百六十萬兩；銀號十處，本銀一百六十萬兩；當鋪十二處，本銀一百萬兩；房屋三千四百四十三間；樓臺、更樓一百一十八座。」

大夥兒一邊看著，一邊不住驚歎。

紀曉嵐暗暗想道：怪不得那年直隸、山東鬧災，我和劉墉敲了他一槓子，讓他拿了二十萬兩，後來沒聽他說什麼。原來在他來說，那只是九牛一毛。

正月十八日，嘉慶傳下聖旨：「姑念和珅是首輔大臣，於萬無可貸之中，免其肆市，著加恩賜令其自盡。」

劉墉等人到刑部大堂，把和珅從大牢裡提出，驗明正身，把聖旨宣讀給他聽。和珅拜過聖恩，眼淚直淌。昔日驕橫跋扈，不可一世的宰相，今朝成了狼狽不堪的可憐蟲。劉墉忍不住好笑，對他說道：「和相國，皇上賜你自盡，太便宜你了！你死到臨頭，應該有所題留啊！給你拿筆硯來，寫首絕命詩，怎麼樣？」

到了這時，和珅還是那樣恬不知恥，竟然真的拿起筆來，寫下他的絕命詩——

五十年來幻夢真，
今朝撒手謝紅塵。
他時水汛含龍日，
認取香煙是後身。

立刻上來幾個番役，把他架到一間用刑的空屋，用一條吊在屋梁上的白綾子完成了他此生中最有意義的一件事兒。

第3章

懂得生活，才能享受生活

對人來講，生活和事業就像車之兩輪，缺一不可。尤其是文人，更注重生活情調。紀曉嵐的好友戴震認為人生的理想是「遂欲達情」：健全的生活、成功的事業，共同構成幸福的人生。紀曉嵐講求的幸福是「身心之福」，既講濟世情懷，又講生活情調。

19 若無花月美人，不願生此世界

男歡女愛本是人之常情，並不奇怪，而風流才子紀曉嵐之所以「風流」，除了博學強記、儒雅倜儻外，又特別好色，性欲超常，雖八十高齡，仍不減壯年。

清人采蘅子《蟲鳴漫錄》卷二裡就說：「近世紀文達公日必五度，否則病。」那麼一日五次又是如何分配呢？采蘅子說是：「五鼓入朝一次，歸寓一次，午間一次，薄暮一次，臨臥一次。」這還只是「例行公事」，如果加上乘興和即興交歡，那次數就更多了。

采蘅子之說似嫌荒誕，但紀曉嵐的同時人昭槤的《嘯亭雜錄》歷來爲史家所注意，號稱信史，書中也說紀曉嵐：「年已八十，猶好色不衰。」看來紀曉嵐好色之說不誣。

當然，文人好色似乎也是見怪不怪的事。

宋代是中國歷史上禁欲最嚴重的時代，因爲理學家倡導「存天理，滅人欲」，不僅把人類的一切願望都看成是不合理的，而且把人類最美好的情愛視作洪水猛獸，是一切罪惡的根源，嚴加禁止。然而，具有諷刺意味的是，宋代理學集大成的代表人物朱熹老夫子卻養有小妾，並且感情甚篤，小妾死後，還特地爲她修建了貞姑庵，成爲一段佳話。據說當時有人向他發難，指責他口是心非。朱夫子卻自辯說「好色而不淫」。也就是說：好色是人之常情，只要不淫亂即可。

明代著名畫家和詩人董其昌也是個「好色」之徒，在他八十多年的生命歷程中，總與紅粉佳人聯繫在一起，似乎沒有紅袖秉燭，就湧不出創作的衝動和靈感，也就沒有如泉湧般的才思。在即將走完生命的歷程時，他沒有對子女、財產，對他視如生命的畫卷提出處理的意見，惟有一件心願：穿上自己愛妾的粉紅內衣走向另一個世界。

明末湧現的一批著名詩人，如侯方域、冒辟疆、陳子龍、錢謙益等人，也無一不是在脂粉堆中度過的。爲此，江南名妓董小宛與冒辟疆、柳如是與錢謙益等人之間的哀婉愛情故事被廣泛流傳下來，演化成許許多多感人的傳奇故事。

據說，董小宛後來被南下的清軍擄入清宮，與順治皇帝還有過一段浪漫的感情糾葛。而錢謙益因迷戀燈紅酒綠的生活，走上了降清之路。柳如是因沒有勸說錢謙益抗清成功而憤然投水自盡。錢謙益爲此大受振動，抱憾終生，寫下了許多纏綿的情詩。

——凡此等等，不一而足。總之，文人、特別是有才華的文人，總與情愛結下不解之緣。清代第一才子紀曉嵐自然也是如此。

民間流傳著一段乾隆賞賜紀曉嵐宮女的傳說——

當時四庫全書館的總纂之所設在圓明園新建的文源閣。這裡距紀曉嵐城內住宅有二十多里，往返當值很不方便。於是紀曉嵐在海淀買下一所房舍，這就是《閱微草堂筆記》中所稱的「槐西老屋」。因是臨時住所，只攜侍妾明軒和丫環玉台住在這裡。

槐西老屋雖距圓明園很近，但紀曉嵐並不是每天都能回家住宿。當編校典籍遇到難題，或爲乾隆代寫文章，常常留宿宮中。乾隆四十六年，《四庫全書提要》初稿完成，第一部《四庫全書》也即將告竣，這時乾隆卻在爲御製序文著急。他原想親自動手，但才力不夠，讓人代筆，又恐旁人知道，只好讓紀曉嵐捉刀，晚上把他留在御書房商量。

那天，紀曉嵐已是四、五晚沒有回家。這對旁人來說算不了什麼，對他卻是件莫大的苦事。因爲他精力充沛，身體強壯，這時雖已五十多歲，但夜夜離不開女人。這天他早上醒來，記憶裡還殘留著與明軒相戲的夢境，竟發覺自己雙目紅腫。

入館當值，王文治第一個發現他的變化：紀曉嵐臉色潮紅，兩眼紅腫如桃，血絲密布。王文治明白，紀曉嵐數晚未歸，耐不住了。「風流大學士，露原形了吧！」

紀曉嵐沒有理會王文治的嘲笑。他想：這幾日沒回家，怎麼表露得這樣？同事間的玩笑倒沒什麼，要是讓聖上知道，那就難堪了。正想到這裡，恰好乾隆駕到。

乾隆總愛悄悄地來到大臣身邊，不讓人事先通報。他駕臨文館，發現紀曉嵐一夜之間變成這副模樣，非常詫異，便很好奇地問道：「愛卿何以致此？」

「這……」紀曉嵐紅著臉，不便啓齒。平時口齒伶俐的他頓時木訥起來。

乾隆以爲他撰文辛勞，不好意思當面表功，於是叫他有話直說無妨！

「微臣不敢，恐辱聖聽。」紀曉嵐道。

乾隆越發好奇，於是示意眾人退下，笑道：「卿有何難言之隱，說吧！」

乾隆一定要問個究竟，紀曉嵐被逼得沒辦法，只好跪在地上，如實奏明：「臣不習獨宿，否則便雙目紅腫。近幾日未能回家，故……」

乾隆好奇心很強，聽到這話，不覺哈哈大笑，連說：「卿何不早說，何不早說！」

乾隆走後，王文治和陸錫熊免不了又把紀曉嵐打趣了一番。正說笑間，忽報紀曉嵐接旨。一個領頭太監手捧聖旨，宣讀道：「奉天承運，皇帝詔曰：『文章華國，千古立心。紀卿能善體朕意，勞心焦思，盡瘁館務，忠勤可嘉，著將宮女藹雲、卉倩二人賜爲侍姬，以慰辛勞。欽此。』」

紀曉嵐忙叩頭謝恩。藹雲、卉倩長得嫵媚動人，含笑走向前來，向他施禮問安。

紀曉嵐得到兩個漂亮的宮女，心花怒放。但在這種場面下，一向幽默風趣，喜捉弄別人的他，也變得局促不安起來。

王文治笑道：「紀大學士的眼疾，有這兩位御醫，包管藥到病除！」

陸錫熊說：「小心，別成了藥渣！」

「哈哈哈！」總纂所裡的人笑作一團。

自此，藹雲、卉倩就在紀曉嵐身邊，成爲他的另外兩房侍妾。

當然，這只是民間流傳的一個演義故事。六宮之內，名義上都屬於皇帝一人所有，正常情況下，平民百姓尚不會把自己的妻妾讓給別人，更何況天下至尊的皇帝呢！

紀曉嵐自己也不諱言好色。在爲他的伯兄晴湖寫的墓志銘中，說他的兄長「自少至老無二色」，承認自己「頗蓄妾媵」。

事實上，廣蓄妾媵的紀曉嵐並不滿足於此。民間傳說他「夜宿醉月軒」，被皇帝宣召，兩天找不到人，因此被罰俸三年的故事，可說頗符合他的生活特點。

他喜歡講故事、跟人開玩笑，他的故事也是五味俱全。一次，好友董曲江來到他的家中，向他「討教」性愛之事。

他就講了這樣一個故事——

青縣的一個農家少婦，性情輕佻，與她的丈夫形影不離，兩人經常相對嬉笑，不避忌人；有時夏天夜裡一起睡在瓜園中。於是人們都鄙薄她的放蕩。但她對別人則面孔像冰冷的鐵。有人私下挑逗她，她必定嚴厲拒絕。後來碰到強盜，身上受了七刀，還在斥罵，終於未被污而死。人們又都驚奇她的貞烈。

董曲江聽完故事後，問別人怎樣評價。紀曉嵐於是舉了幾個人的意見。

老儒劉君琢說：「這就是有內在美而未得到教育培養。她只是深於夫妻之情，所以能誓死無二心；只是不懂得禮法，所以情欲的意念留存於儀表面容，親昵的隱私表現於一舉一動之中。」辛彤甫先生說：「程子有個說法：凡是躲避嫌疑的，都是內心有所不足。這個女人心裡沒有別的想頭，所以正大光明，直接做去，從不懷疑自己，這就是她所以能夠以死守節的緣故。那些喜歡標舉端莊嚴肅的人，我見得多了。」紀曉嵐的父親姚安公說：「劉君是正論，辛君也是有感而發。」

董曲江是個打破砂鍋的人，一定要紀曉嵐講下去。

於是又有了下篇——

後來她的丈夫夜裡看守豆田，單獨住宿在圓形草屋裡。忽然看見妻子到來，歡愛如同平時。她對丈夫說：「陰司的官員因爲我貞烈，判來世取中鄉試榜，官居縣令。我因爲懷念您而不想去，所以請求辭去官位俸祿，做一個遊魂，可以長久跟隨您。陰司的官員憐憫我，已經允許了。」丈夫爲此感動得哭泣，發誓不另找配偶。

從此，他的妻子白天隱去，夜裡就來，二十年幾乎沒有中斷一天，就連兒童有時也能暗中看到。紀曉嵐說：「這是康熙末年的事，我父親能夠舉出他們的姓名、住址，可惜我現在忘記了。」

這明明是愛情至上主義的傾向——官兒可以不做，也要和情人廝守，而且二十年如一日，從不間斷！

另一個三寶、四寶的愛情故事尤其生動美麗、曲折感人。

董家莊的佃戶丁錦生了一個兒子，取名二牛。又有一個女兒，招曹寧爲上門女婿，互相幫助，一起勞動，很合得來。二牛生了個兒子，取名三寶；曹寧夫婦也生了一個女兒，因住在女方娘家，於是順著取了個名字叫四寶。兩個孩子出生在同一年同一月，只不過前後差了幾天。小姑和嫂嫂互相抱著長大，互相餵奶，還抱在懷裡時就給他們訂了婚。三寶和四寶兩人相互間又很友愛，稍微長大一點就寸步不離，整天一起玩耍。

小戶人家也不知道避嫌，經常在兩個孩子玩耍時，指著一個，對另一個說：「這是你丈夫。」「這是你老婆。」兩個孩子雖不懂是什麼意思，但已聽得很熟悉了。七、八歲以後，稍稍開始懂事，但都跟著二牛的母親睡，彼此不避忌諱。

康熙六十年到雍正元年，正逢連續三年天災，莊稼歉收，丁錦夫婦都死了。曹寧先流落到北京，貧窮得活不下去，只好把四寶抵押在陳郎中家。二牛接著也來到北京，正好陳郎中要物色一個書僮，於是將三寶也抵押在陳郎中家，並且告誡他不要說出自己與四寶是未婚夫妻。

陳郎中家家規很嚴，每抽打四寶的時侯，三寶必偷偷哭泣，抽打三寶時，四寶也一樣。陳郎中產生了懷疑，於是把四寶轉押給鄭家，而把三寶趕出去。三寶去找原先的介紹人，被帶到另一家做書僮。

一段時間以後，三寶打聽到四寶所在的地方，於是又請人幫助介紹，進了鄭家。幾天後，見到四寶，兩人抱在一起痛哭。這時他們已經十三、四歲了。鄭家感到奇怪，他們便稱是兄妹。那家人看他們的名字像是兄妹，也就不懷疑了。然而鄭家內室和外堂隔絕，他們只有在出入時才能相互望上一眼。

接著遇到豐年，二牛和曹寧都到北京贖回子女，輾轉打聽，找到鄭家，鄭家才知道事情的眞相。鄭家夫婦很同情他們，打算資助他們成婚，並讓他們繼續留下來做工。

鄭家的家庭教師姓嚴，是個道學家，對這件事大加攻擊。他說：「親表兄妹結婚，這是古代《禮》書上禁止的事，也是現在法律所禁止的。違背禮法，必定遭到上天嚴懲。主人家雖是一片好意，但我們讀書人應把維持社會風氣當作自己的天職，見到違背禮法、傷風敗俗的事而不加制止，那就是幫人做壞事，這不是君子的行為。」他威脅鄭家，如果讓三寶、四寶成婚，他就辭職。鄭家夫婦本是膽小怕事的人，二牛、曹寧也是沒有見識的鄉下人，聽說這事違法，罪過不小，都害怕起來，不敢說了。後來四寶被賣給一個進京考選的人作妾，沒幾個月就病死了。三寶發狂出走，不知下落。有人說：「四寶雖然被逼，然而毀壞自己的容貌痛哭，實際上沒有與那個進京考選的人同寢。只可惜不知道詳細情況。」

紀曉嵐爲此議論說：倘若眞是如此，那麼這兩個人或在天上，或在下一世人間，應該能重新見面，不會一閉眼就不再相見了。只是那個姓嚴的人做了這樣的事，不知是何居心，也不知他後來情形如何。然而神明天理在上，他一定不會得到好報。又有人說：「他既不是固執於古禮，也不是想博取好的名聲，而是企圖自己佔有四寶。」倘若眞是如此，那麼陰間之所以設立地獄，正是爲這種人準備的。

20 一生鍾愛的女人

紀曉嵐一生鍾愛女人，特別是他的妻妾侍女等。然而，他的女人總是命運多舛。這樣一個多愁善感的人，面對他所鍾愛的女人一個個相繼去世，內心必然承受了不少難以忍受的痛苦！但他絕不沈湎於痛苦中一蹶不振，在深深懷念她們的同時，又以豁達、樂觀、向上的態度求取人生的其它樂趣。

在情愛生活中，紀曉嵐畢生的最大遺憾是沒有和文鸞結合。他在七十五歲寫《灤陽續錄》回憶往事時，猶黯然神傷。

文鸞是紀曉嵐四嬸的一個婢女，他們第一次見面時，雙方只有十一歲。那年，紀曉嵐跟隨四叔紀容恂到滄州的水明樓玩，並趕廟會。水明樓是紀家在滄州城一所莊院中的房子，位於運河邊的上河涯。這裡交通方便，風景秀麗。每逢夏天，紀曉嵐的祖父紀天申和祖母張太夫人都來這裡避暑。紀曉嵐幼時曾來這裡玩過，但未看過這裡熱鬧非凡的廟會，所以這次是纏著四叔來看廟會的。

舉辦廟會的這幾天，紀曉嵐跟四叔東逛西溜，看這看那，玩得很開心。這天他沒有跟隨四叔出去，卻見四嬸領著一個小女孩過來。他以爲是哪家親戚的孩子，一問方知是新買的丫頭，叫作文鸞。

文鸞雖是貧寒人家打扮，但模樣長得挺俊，兩隻大眼又黑又亮，水靈靈的，身材勻稱，臉蛋白裡透紅，像朵綻開的海棠。紀曉嵐一見便大覺親切，問這問那，說個沒完。

四嬸李氏看到這兩個孩子一見面就那麼親熱，便讓他們在一起玩。紀曉嵐這下看廟會的興趣全沒了，整天與文鸞在一起，不是在牆角挖蛐蛐兒，就是在樹洞裡掏麻雀。文鸞似乎也忘記了主僕的界限和淒苦的身世，隨著紀曉嵐咯咯笑個不停。

這樣無拘無束、歡樂嬉戲的日子過了大約半個多月，紀曉嵐與四叔、四嬸、文鸞又一同回到崔爾莊。返家後，紀曉嵐依舊刻苦讀書。只是有一件不同，課餘之暇，跑四叔家的次數多了。他的母親很高興，以爲他是與四叔切磋學問。只有四嬸李氏心知肚明：心愛的侄兒是來找文鸞說笑的。他們兩人在一起，有時讀書，有時寫字，有時講故事，快活得像兩隻小鳥。

可是好景不長，第二年，紀曉嵐的父親紀容舒卸去雲南姚安知府的職務，調北京戶部任職。紀容舒怕荒廢了紀曉嵐的學業，便把兒子帶往北京。

五年後，紀曉嵐才回到獻縣。他是回鄉參加童生考試的。這時他已十七歲，長成一個英俊的青年。回到崔爾莊，他第一個拜見的長輩便是四叔紀容恂。因爲他心裡惦記著文鸞，不知文鸞如今是什麼模樣。

紀曉嵐來到門口，剛好文鸞從裡面出來。兩人對視了一會，幾乎同時驚叫起來——

「文鸞！」

「昀少爺！」

兩人快步向前，貼近得呼吸聲都可聞到。這時文鸞已不再是小丫頭模樣，而是一個俊俏、輕盈、活潑可愛的少女。紀曉嵐望著她那輕盈的體態、俊俏的臉龐、滿臉的笑意，不覺怦然心動。他第一次在女人面前產生這樣的感覺。

四嬸李氏明白侄兒的心意，因此讓他帶著文鸞回上河涯看望祖母。那裡的水明樓是他倆第一次見面和互相嬉戲的地方，舊地重遊，更增加了相互的依戀。

在樹蔭下，紀曉嵐拉著文鸞的手，深情地說：「你嫁給我吧！我們永不分開。」

文鸞羞澀地點點頭。她早就盼著這句話。但她明白丫頭沒有做主子夫人的福分，只能作妾。即便作妾，她也願意侍候紀曉嵐一輩子。

紀曉嵐這年順利考取了秀才，又娶了溫柔賢淑的馬氏作夫人，本想順便帶文鸞回北京。此時四嬸卻有另外的考慮。她見紀曉嵐有新娶的妻子，又有馬氏的陪房丫頭情梅爲件，如果再加上個如花似玉的文鸞，他的功課將受影響。因此要他中舉以後再說。

豈料那年鄉試，紀曉嵐沒有考取。直到三年後，紀曉嵐二十四歲時才考取舉人。而乾隆十三年他中舉後，派人來接文鸞，回訊說文鸞已死。紀曉嵐得報，如五雷轟頂，痛苦得眼淚直流。

原來，文鸞見紀曉嵐回京，不能跟去，便已悶悶不樂。後傳出紀家欲納她爲妾的消息，有人眼紅，便挑唆她的父親索價千兩銀子。一千兩銀子並不太多。但文鸞在紀家多年，紀家待她不薄，且納她作妾也是看得起她的表示，她的父親卻趁機敲詐，四嬸李氏心中不平，遂乾脆讓文鸞回自己的家。回家後，文鸞因思念和憂鬱，不久便得病死去。四嬸怕影響紀曉嵐的情緒，一直沒有告訴他。

此後，文鸞之事雖如雁過長空，影沈秋水，但她的影子總難從心底抹掉。這是紀曉嵐心中的暗傷。在他的一生中，類似的事還有幾起。

六十八歲時，他最寵愛的侍姬明軒由於操勞過度，病倒了。

明軒是個十分惹人憐愛的女子，出身貧寒家庭，雖有機緣進入富貴人家，但仍是一位生活在低層的女人。她一生從未和人發生過口角，紀家的人也都敬愛她。但她心中一直有個怪念頭。她曾經跟紀曉嵐說：「人活多大，都是要死的。我的願望呢，是在四十歲以前死。」

「這是爲什麼？」曉嵐驚訝不解。

明軒的眼睛明亮閃光，一本正經地說：「女人嘛，就該死在四十歲前，還沒到人老珠黃的境地；這時死了，會有人憐惜和悼念。等到了雞皮鶴髮的年紀，那就慘了，像狐雛腐鼠一樣，人見人厭。我才不願落到那個地步呢！」

曉嵐認爲她是一時感慨，隨便說說罷了，也沒有多問。

不料，明軒這回病得很沉重，雖然每天都有醫生診治服藥，卻沒有一點起色。恰在這時，紀曉嵐侍值圓明圓，要滿五天才能回家。他爲此憂心忡忡。

在明軒病危的那天夜裡，他退值住在圓明園近處的海淀槐西老屋。由於心裡惦記著明軒，一個夜晚，居然夢見她兩次。

第一次夢裡，他陪同明軒到了她的老家蘇州，實現了她的夙願。姑蘇城內，一片江南水鄉風光，綠水蕩漾，柳絲輕颺。明軒的北地口音換成了一口吳儂軟語，不停地吟唱著江南吳歌，委婉動聽。兩人乘上小船，在河港內漫游，滿目繁花似錦。忽然狂風起，小船像水中的葉片兒，在水皮上飄飛起來。明軒坐不安穩，一頭扎進他的懷中。他也驚慌失措，只是把明軒緊緊地抱在懷裡，一手死死地扒住船舷。猛地船身一傾，兩人一齊掉入河中。他急得一聲大叫，霍然從夢中醒來，嚇出了一身冷汗。這才發現剛才的一切只不過是一場夢，懷中抱的是跟隨他到槐西老屋住的侍姬藹雲。

藹雲也被他的叫聲驚醒，忙問他是怎麼回事？

「咳！把你也嚇醒了。」紀曉嵐心中不安地說：「我做了一場惡夢！」這時還不到三更。他定了定神，心情平靜下來以後，又進入夢鄉：

這回他又帶明軒到了圓明園。明軒看了園中景物，驚歎不已。他爲她嚮導，一一解說。園中美景，使明軒歡欣雀躍，儼然是個十幾歲天眞爛漫的小姑娘。明軒坐到秋千上。他用力一拉，然後猛地一推，同時兩手一用力，自己也踏上了秋千。兩人面對面，用勁蕩來蕩去。秋千越蕩越快，越蕩越高，明軒的笑聲也越來越響，他的心中喜不勝收。忽地「匡鐺」一聲震響，秋千的繩索斷了，兩人一齊跌落地上。他一聲大叫，猛然醒來，方知又是一夢。懷裡抱的，當然還是藹雲。

「你又做惡夢啦？」藹雲睡眼惺忪地問他。

紀曉嵐怔忡中歉然說道：「眞糟糕！又把你嚇醒了。」

「剛才我好像聽到好大的聲音，不知什麼東西掉在地上了？」藹雲說。

「對！我也聽到了。點上蠟燭，起來看看。」說著，紀曉嵐爬起身來。藹雲點燃蠟燭，屋裡一下子亮了起來，兩人看見地上有一隻銅瓶。銅瓶原是掛在牆上的，繩子斷了，墜落地上，方知剛才的聲響乃是是銅瓶的墜地之聲。

「怪不得那麼大的聲音，原來是這隻瓶子！」紀曉嵐拾起銅器察看。

「奇怪？掛得好好的，怎麼突然掉下來呢？」藹雲困惑地問道。

「是繩子斷了！」紀曉嵐看看斷了的繩子。

「怎麼會突然斷了？」

「大概是風吹的關係吧！掛得時間久了，繩子有些朽了。」經這一折騰，已經過了四更，紀曉嵐和藹雲誰也睡不著了，眼巴巴地挨到天亮。

第二天是四月二十五，紀曉嵐整天神不守舍。晚上回到虎坊橋閱微草堂，才知道明軒昨夜病勢轉危，曾經昏厥過去，大約過了兩個時辰，才又悠悠蘇醒過來。

明軒醒來時，對守護在身邊的母親沈氏說：「媽媽，我剛才做了個夢，夢見去了海淀的槐西老屋，跟曉嵐在一起，可是忽然像打雷似的一聲響，把我驚醒了。」曉嵐聽說這事，心中一驚，忙問是什麼時辰？沈氏所說的明軒醒來的時間正是他第二次夢見明軒，跟她一起蕩秋千，被銅器落地聲嚇醒的時刻。多麼奇怪！

「她也聽到銅瓶的響聲！莫非眞是她靈魂出竅，到了槐西老屋？」曉嵐心中暗暗想道：「否則又該如何解釋？」

明軒見紀曉嵐回來，精神異常興奮。她取出一張自己的畫像，交給女兒梅媛。梅媛聰明俊俏，十分可愛，是明軒所生的惟一孩子。

明軒那滿含深情的眼睛裡閃著晶瑩的淚花，向紀曉嵐說道：「我想了一首詩，你替我寫下吧！」

紀曉嵐點點頭，趕快叫玉台取來筆硯，一面聽明軒念，一面寫在紙上——

三十年來夢一場，
遺容手付女收藏；
他時話我生氣事，
認取姑蘇沈五娘。

手錄著明軒的遺作，紀曉嵐心中辛酸難忍，眼中盈滿淚水。放下手中的筆，回頭再看明軒，只見她嘴角掛著微笑，已溘然而逝了。

紀曉嵐急忙把她攬在懷裡，口中喚著：「明軒，明軒……」兩行苦淚潸然而下。

明軒這年只有三十歲。果然應了她說過的話，不要活過四十歲。紀曉嵐想起這些，更是悲痛難忍。明軒的死，對他來說，是繼文鸞、汝佶死後的最大悲痛。

於是，無論是在家中，還是在朝中官署，再也聽不到紀曉嵐那爽朗的笑聲了。他心裡總是想起在明軒身邊時的歡樂時光。好多天，他都癡癡地看著明軒的遺像發呆，甚至涔涔落淚。

他在明軒的遺像上題寫了兩首詠懷詩——

其一

幾分相似幾分非，
可是香魂月下歸；
春夢無痕時一瞥，
最關情處在依希。

其二

到死春蠶尚有絲，
離魂倩女不須癡；
一聲驚破梨花夢，

恰記銅瓶墜地時。

雖然他身邊尚有三房妻妾，但在他心裡，誰也代替不了明軒。他對明軒的思念，終身未已。萬萬沒想到，明軒死後不久，她的侍女玉台年齡不到二十歲，竟也香消玉殞，使他那尚未癒合的心靈創傷再次遭到滴血之痛。

這時候，他想起明軒作的那首「詠花影」的詩來，詩中「三處妻妾花一樣，只憐兩處是空花」的句子竟然成了明軒和玉台死亡的讖詩。他疑惑不解，久久冥思：莫非是明軒氣機所動，不覺間一種自然的流露？是耶？非耶？不得而知。在他寫作《閱微草堂筆記》時，記述了上述事實，用以寄託對明軒和玉台的無限思念。

明軒、玉台之死給紀曉嵐造成的心靈創傷，隨著時間的推移，慢慢癒合了。他又漸漸恢復了往昔樂觀曠達、詼諧幽默的風姿。

21 名士的風月之趣

做人應當規矩點，處世則不妨放逸些。你白天能認眞工作，晚間看看漫畫書，聽聽靡靡之音，甚至到迪斯可舞廳去瘋狂一陣，擁擁舞女，國也不會亡的。

乾隆年間，天下太平，士大夫狎妓侑酒之風盛極一時，妓女中較高級者多通琴棋書畫，亦以能獲得名士品題爲榮。

八大胡同自古名，陝西百順石頭城。
韓家潭畔笙歌雜，王廣斜街燈火明。
萬佛寺前車輻輳，二條營外路縱橫。
貂裘豪客知多少，簇簇胭脂坡上行。

這是北京城關於八大胡同，廣爲流傳的俚謠。名曰八大胡同，實際上乃是十大胡同。僅在這首俚謠裡就提及了九條。這九條胡同是：陝西巷、百順胡同、石頭胡同、韓家潭、王廣福斜街、石佛灣、大外郎營、小外郎營、胭脂胡同。

凡老北京人沒人不知這八大胡同，也無一個不到八大胡同去走走，亦不分貧富卑尊或達官貴人。可以說，八大胡同確在人們心目中佔有一定的位置。北京八大胡同這方地界不僅是有名的煙花柳巷，妓女成群，也是個有名的遊樂場所。

紀曉嵐名重士林，京中青樓女子多渴望能得到他的光顧，以抬高自己的身價。翰林陳半江有南昌之行，知交紀曉嵐等假「醉月軒」替他餞行。軒中色藝俱佳的名妓，小如、嫦娥、鳳燕等，一聽說這些她們非常仰慕的名士光臨，萬分高興，當然不會放過請求他們題贈詩聯的機會。於是在酒宴間紛紛提出她們的願望。

在座的詞人都嵌用她們的藝名，各別作成了聯語。

小如獲贈的一聯是——

小住為佳，小樓春暖，得小住，且小住；

如何是好？如君愛憐，要如何，便如何。

嫦娥獲贈的一聯是——

靈藥未應偷，看碧海青天，夜夜此心何所寄？

明月幾時有？自瓊樓玉宇，依依高處不勝寒。

鳳燕獲贈的一聯是——

鳳枕鴦帳，睡去不知春幾許；

燕歌趙舞，醒來莫問夜如何。

另有一妓，名叫小倩，色壓群芳，明豔照人，搔首弄姿，儀態萬千。不知已有多少文人雅士和公子哥兒爲之意亂情迷，拜倒在她的石榴裙下。惟有一項缺點：她是個啞巴。所以訪客跟她只能以筆代舌交談。

當時陳半江贈她一聯——

須知默默合情處，
盡在深深不語中。

戴東原也題贈她一聯——

多少苦衷，不忍明言同息嬀；
有何樂趣，勉將默笑學嬰寧。

紀曉嵐贈送她的一聯最爲傳神——

真個銷魂，千般旖旎難傳語；
為郎憔悴，萬種相思不忍言。

小如等得了詩聯，如獲至寶，再三道謝，殷勤勸酒，百般獻媚，不遺餘力。紀曉嵐本不善飲，半杯酒下肚，臉孔已變成關公，連耳朵、脖子都紅了起來。

「咱們行個酒令，助助酒興，如何？」劉石庵提議。

大家都點頭表示同意。

「好哇！」紀曉嵐說：「既然你先倡議，就由你做個說明吧！」

劉石庵慢條斯理地說：「我出一聯，由在座的人依次對出。以漏壺計時，滴水百響內對不上來的人罰酒三杯！大家同不同意？」

「同意！」

「你就快出上聯吧！」紀曉嵐自信難不住他。

劉石庵知會一名小妓準備漏壺計數，並三個令杯之後，解釋對聯的內容，必須各拆兩字，而且要語意通順，才算合格。接著他念出了上聯——

因火生煙，若不撇出終是苦。

水酉為酒，入能回頭便成人。

紀曉嵐應聲對出，非常工整。漏壺才剛剛滴了三下。

此木為柴，全無人道也稱王。

劉師退也接著對出來了。

戴東原一直撚著他的短鬚沈吟，忽然面色一喜，喊道：「有了！你們聽著：采絲爲彩，又加點綴便成文。」對得貼切自然，大家同聲叫好。

漏壺已響過十五下，董曲江搔了半天頭皮，一拍巴掌，吟道——

人言為信，倘無尚書乃小人。

陳半江對的是——

一大冷天，水無一點不成冰。

坐在紀曉嵐身邊的嫦娥拉拉他的衣服，小聲說：「紀大學士，奴婢也對了一個下聯，您聽聽能不能通過？」

「哦——好！」紀曉嵐說：「你說，你說。」

「您可不能笑我啊！」嫦娥佯作嬌羞，念道——

少女為妙，大來無一不從夫。

「好好！太好了！」紀曉嵐首先拍手叫好。

劉石庵也頻頻點頭稱妙。

小如也不甘示弱，在漏壺滴了五十三下時，也想好了下聯——

女卑為婢，女又何妨也稱奴。

「好好！」陳半江說：「看來這醉月軒的姑娘，果然名不虛傳。」

董曲江看看鳳燕和小倩兩人還在低頭沈思，一副爲難的樣子，有意替她們解解圍，便說道：「聽說『醉月軒』的姑娘個個能歌善舞，箏琴琵琶樣樣精通，不如請她們表演一段如何？」

大家還沒來得及表達意見，啞妓小倩向董曲江比手劃腳地表示，她已想出了下聯。兩個小婢急忙捧來紙墨筆硯。小倩提起筆一揮而就——

子女相好，人弗作惡便成佛。

「啊呀！就剩我一個人了……」鳳燕叫道：「這漏壺滴得叫人心慌！每次當我想得差不多時，總是被別人搶了先；重新再想，越急越想不出來。」

「現在漏壺才滴到六十六下，」小如說：「還有的是時間，你別急，慢慢想嘛！」

「不！」鳳燕說：「我寧願喝三杯罰酒算了！」

在鳳燕舉杯喝酒時，小婢又捧上一道菜，是「生炮大蛤」。嫦娥一見，像是忽然想起了什麼，向紀曉嵐問道：「奴婢已想不起從什麼書上看過，說是『雀入大水便成蛤』。請問紀大學士，此說應作何解？」

「問得好！」紀曉嵐習慣地搔了一下鼻尖：「大概是因爲雀入大蛤變成水吧！」

眾人一聽，體會出言外之意，不覺同聲大笑。

啞妓小倩非要逼著嫦娥向他說明大家笑什麼，把嫦娥窘得連脖子都紅了。

正當他們興高采烈的時候，突然闖進一位客人，自稱是江南才子吳文魁，久慕紀大學士才華蓋世，今天聽說在「醉月軒」飲酒，特地趕來要跟紀大學士比比文才。

紀曉嵐一聽，笑呵呵地滿口答應：「好好好！請問兄台要如何比法？」

「就比對聯吧！」吳文魁一副有恃無恐的神氣，「你我各出一聯互對，如不分勝負，再用卷簾式對答。你可同意？」

「悉聽尊便！你先請吧！」紀曉嵐答道。

「那我就不客氣了，」吳文魁說畢，隨出念出他的上聯——

惟本色英雄方能到此，

紀曉嵐幾乎是不假思索即隨口對出，速度之快，令吳文魁大吃一驚——

是可憐兒女何必苛求。

紀曉嵐依約念出的上聯是——

羨君一片豪情，能似此蛾眉粉黛？

吳文魁略加思索，即對道——

歎我十年苦讀，為的是富貴功名。

兩聯既已對過，未分高下，剩下卷簾式聯語。兩人互相推讓一番之後，紀曉嵐爲了表示風度，堅請吳文魁先說。於是吳文魁指著欄外的一株海棠花說──

海棠！

紀曉嵐立刻對道──

山藥！

吳文魁馬上又在上面加了一個字──

嫩海棠！

紀曉嵐也加了一個字──

老山藥！

吳文魁轉臉又看了一眼海棠，再加上兩字──

帶葉嫩海棠！

紀曉嵐也比照辦理──

連毛老山藥！

這時候屋子裡所有的人都把視覺和聽覺集中在他們倆身上，鴉雀無聲，看他們表演。吳文魁接著又加兩字，成了──

一枝帶葉嫩海棠！

紀曉嵐胸有成竹地應聲對道——

半截連毛老山藥！

吳文魁瞟了在場的妓女們一眼，又加成了——

斜插一枝帶葉嫩海棠！

紀曉嵐一本正經地說——

懸掛半截連毛老山藥！

有的人已忍不住竊笑，有的人尚未理會。吳文魁跟著又加兩字——

鬢邊斜插一枝帶葉嫩海棠！

紀曉嵐笑嘻嘻地說——

腰間懸掛半截連毛老山藥！

此語一出，話已露骨，全場的人立刻哄然大笑。吳文魁雖然很窘，仍然不甘示弱，改用一種戲弄的口吻，又聯上三個字——

我愛你鬢邊斜插一枝帶葉嫩海棠！

意思是把紀曉嵐當成女性調侃一番。

向來以詩聯作弄人的能手紀曉嵐豈能吃這種虧，馬上接著聯道——

你怕我腰間懸掛半截連毛老山藥！

又一陣爆笑如雷。吳文魁面紅耳赤，不但沒有占了紀曉嵐的便宜，反倒惹來一場羞辱，丟盡了面子，可也是咎由自取，怪不得別人沒好話說，只得掉頭離去。

屋子裡的笑聲久久未歇，有的人連眼淚都笑出來了。

當時京中有一位外籍人士，由於他僑居多年，對我國的風俗民情頗爲了解，且甚愛慕中國語文的趣味，聽說紀曉嵐多才，竟亦登門拜會，出其屬對云——

三鳥害人鴉雀鴇。

語文「鴉」指鴉片煙，「雀」指雀牌，「鴇」指鴇母，實乃暗諷國人沈湎於「嫖、賭、鴉片煙」也。曉嵐聽了，立即對以下聯——

四物除爾麟鳳龍。

我國古諺稱麒麟、鳳凰、祥龍、瑞龜，合謂四物，聯中只言「麟鳳龍」，獨缺「龜」字，又言「除爾」，意在罵該外佬爲「烏龜」也。

22 隨心所欲，不亦快哉！

俗話說得好：喝茶不一定要喝名茶，但必須維持壺底不乾；喝酒不一定要喝名酒，但必須保持酒壺不空。無弦之琴雖然彈奏不出旋律，卻可以調劑身心；無孔的短笛雖然吹不出音調，卻可以使自己精神舒暢。一個人如果能達到這種境界，即使不能像伏羲氏那樣超脫，也可以像嵇康和阮籍那樣逍遙自在。

有些人經常把生活和事業對立起來，或是爲了事業，不享受生活，或是爲了生活，荒廢了事業。一個健全的人不會把所有的雞蛋放在一個籃子裡。紀曉嵐不僅事業有成，在生活上也有他自己的追求和愛好。

在當時人眼中，紀曉嵐的行爲方式頗爲「怪異」，與常人完全不同。關於他的生活方式，時人和後人的筆記中多有記述，稱他「以肉爲飯，無粒米進口」，說他「平生不穀食。麵或偶爾食之，米則未曾上口也。飲時，只豬肉一盤，熬茶一壺耳。」著有《恩福堂筆記》的英和曾親見紀曉嵐的僕人奉火肉一器皿，約三斤多，紀曉嵐一邊同朋友聊天，一邊吃，一會兒便風捲殘雲，全部吃光，這頓飯就算打發了。他精力過人。

《清朝野史大觀》記載他：「年八十猶強健如常，日食肉十數斤。」

清代有名的文人中，大詞人朱彝尊喜歡吃鴨肉，成爲文壇佳話。紀曉嵐恰恰相反，絕對不吃鴨肉。縱使名廚烹調，也從不下筷。他喜吃瓜果、精肉和茶。有二、三斤精肉加上茶水，便是一頓美餐。

紀曉嵐平生嗜茶如命，幾乎達到須臾不可離的地步。他尤好福建茶，據說晚年時非閩茶不飲。大概是在福建任學政三年，養成了愛飲閩茶的習慣吧！十分巧合的是，乾隆也愛茶。他晚年準備隱退。有的大臣說：「國不可一日無君。」他笑著說：「君不可一日無茶。」

乾隆既好飲茶，又愛作詩，於是效法古代文士，把文人茶會搬到了宮廷。這便是在重華宮年年舉行的清宮茶宴。茶宴在每年正月初二至初十選吉日舉行。主要內容，一是作詩，二是飲茶。最初人無定數，大抵爲內廷當值詞臣。以後以時事命題作詩，定爲七十二韻，直接在宮內參加賦詩茶宴者七十八人，分成八排，每人作四句。題目是乾隆親自指定，會前即預先告知。但「御定元韻」卻是臨時發下，難一難這些詞臣。詩成，乾隆隨即賜茶並頒賞珍物。得賜者親捧而出，以爲榮耀。

在重華宮舉行的茶宴，紀曉嵐幾乎每年都參加。在恭和千叟宴詩中，紀曉嵐自注：

臣自早年以後，每歲皆蒙恩預宴。保存在文集中的唱和詩即有二十二首之多。

茶宴中以乾隆御製的「三清茶」最爲著名。所謂「三清茶」，即以松實、梅花、佛手三種烹茶，但不放茶葉或奶茶。乾隆曾得意地在《三清茶詩》中談及「以雪水沃梅花、松實、佛手啜之，名曰『三清』。」其詩云——

梅花色不妖，佛手香且潔，
松實味芳腴，三品殊清絕。

松實，即松果中的籽肉，可以命宮監從御苑中三百年的古老松樹上採集；梅花，即是臘梅，據北京氣候，恰在新年正月時含苞欲放，可由奉宸苑職掌花圃供奉；佛手，果實鮮黃色，香氣濃郁，有理氣和胃之功效，是廣東南部一帶及藩國進貢宮廷的禮品。

紀曉嵐（恭和御製新正重華宮原韻）——

祕殿新年賞物華，松雲楝牖勝仙家。
才開魚鑰春先到，暇拂鸞箋興倍賒。
迎歲宮梅猶爛漫，向陽苑草早萌芽。
拜颺惟視延洪壽，長此聯吟此賜茶。

對鴨肉，他總覺得腥穢難以下咽。有一次參加朋友的宴會，朋友不知道他這一習慣，把一塊鴨肉和一塊瘦肉夾進他的盤子。他因說話，又是近視眼，沒看得眞切。鴨肉吃下去，立即大吐。自此，他在宴會上特別小心。

又一次宴會中，孫端人、董曲江、劉師退等人都在座，又端上了一道北京名菜：掛爐烤鴨。大家舉起筷子，把話題轉向紀曉嵐。

「賢契，鴨肉味美，爲何不吃？」孫端人乾了一杯酒，嚼著鴨肉，樂呵呵地說。

「怕身上長鴨毛吧？」董曲江說。

大家你一言、我一語，拿他取笑。他只是笑而不答。他說不清爲什麼討厭鴨子，只覺得自從聽了那個故事以後，更加不敢吃鴨肉。

那是他住在河間府東光城岳丈家期間，聽人說，有一天深夜，人們被狗的狂吠聲驚醒，起身察看，在朦朧的月光中，只見一戶人家的屋頂上站著一個身著蓑衣麻帶，披頭散髮的人，手中挽著一個大布袋，裡面發出許多鴨子的叫聲。

那人沿著屋頂，由東家竄到西家，每到一家便丟下幾隻鴨子。第二天，那些得到鴨子的人家，有的貪嘴，就宰來吃了。結果那些吃了鴨子的人家，不出一年都有人死去。直到這時，大家才明白，那送鴨子的是一個凶神。

這個故事，在幼年的紀曉嵐腦海裡印象很深，自此便更加討厭鴨子。他把這個故事一五一十講給正在吃鴨肉的孫端人、董曲江等人聽。

董曲江嘴裡正噙著一塊鴨肉，忙說：「聽你一說，口裡這塊鴨肉我也不敢吃了。」

「那是迷信，」孫端人說，「是紀曉嵐杜撰出來嚇唬你們的。」

儘管如此，大家吃鴨肉的興致還是減了下來。劉師退提議就吃鴨肉之事，讓紀曉嵐作一首詩，以補償被他掃了的大家吃鴨肉的興致。

紀曉嵐笑著答應，沈思片刻，吟道——

靈均滋芳草，乃不及梅樹。
海棠傾國姿，杜陵不一賦。
馨香良所懷，棄取各有故。
嗜好關性情，微渺孰能喻。
愛憎繫所遭，今古寧驚鶩。
歎息翰墨場，文章異知遇。

此詩題爲《解嘲》。前四句把鴨子比成梅花、海棠；後幾句說，儘管如此，喜歡的還是喜歡，不喜歡的還是不喜歡。前四句中的靈均是屈原的字，他歌詠過許多奇花異草，惟獨沒有寫過梅花。杜陵是唐代詩人杜甫，他自號少陵野老。他曾爲百花賦詩，惟獨沒有歌詠過海棠。紀曉嵐以這兩件事作盾牌，爲自己不吃鴨肉開脫。回答得很巧妙。

孫端人哈哈大笑：「虧你想得出，爲不吃鴨肉還找到了根據。鴨子比成梅花、海棠，那牠也太榮幸了。」

「學生只是隨便取意而已。」紀曉嵐說。

大家嘻笑了一番，方興盡而散。

此事應有所據。時人張維屏《聽松廬濤話》說：「西溟不食豕，紀文達不食鴨。自言雖良庖爲之，亦覺腥穢不下咽。且賦詩云：『靈均滋芳草，乃不及梅樹。海棠傾國姿，杜陵不一賦。』」

另外，紀曉嵐平生不善飲酒，嘗自述：「平生不飲如東坡，銜杯已覺朱顏酡。今日從君論酒味，何殊文士談兵戈。」他不以不善飲爲憾事，且將此同蘇東坡相比，以爲雖不能飲酒，卻自有其旁觀者的樂趣在。有詩謂：「僕雖不能飲，跌宕亦自喜；請爲壁上觀，一笑長風起。」

除了飲食習慣怪異外，紀曉嵐還是著名的煙客，煙量特別大，煙道頗爲出神入化。《芝音閣雜記》說他的煙槍很大，煙鍋亦絕大無比，每裝一次，可自虎坊橋家中至圓明園，吸之不盡。因此京城人都稱他「紀大鍋」，也有人叫他「紀大煙袋」。《清稗類鈔》記載：「河間紀文達公，嗜旱煙，斗最大，能容煙葉一兩許。煙草之中有黃煙者，產於閩，文達亦嗜之。」

據說除了睡覺，他煙管不離嘴。有一次在內廷值班，恰好乾隆突然召見。乾隆原本也吸煙，後患過幾次咳嗽，接受御醫勸告，不再酷愛此道，看見大臣吸煙，有時還加以訓斥。紀曉嵐知道此事，急忙把煙管插入靴筒。誰知奏事時間很長，未熄的煙火繼續燃燒，從靴筒中冒出一縷縷青煙，而且烤焦了襪子，燒著了皮膚。

乾隆見狀，驚問：「紀卿袍間何故冒煙？」

「這……」紀曉嵐不敢回答，只有忍痛攢眉而已。

乾隆命內監搜查，發現是煙管和紀曉嵐燒焦的皮膚。

乾隆大笑：「嗜好如此，其害足矣！」命紀曉嵐作文述罪。

說起寫文章，紀曉嵐勁頭就大，立即寫下《褲焚》一文，自我嘲笑一番。

乾隆覺得有趣，不但不責怪他吸煙，反而賜他煙斗一個，准許他在館吸煙。對此，紀曉嵐洋洋自得。事後常對人自述頭銜：欽賜翰林院吸煙。

紀曉嵐酷愛吸煙，大煙管是他心愛之物，有一次卻不慎丟失。家人都很焦急。尤其是他的愛妾明軒，忙著要去爲他再訂作一根。他連忙擺手：「別瞎忙！你們到京東小市場看看。」

家人跑到出售舊貨的雜貨攤上，果然在那裡找到這根煙管。明軒問他爲什麼猜得那麼準？他狡黠地眨眨眼：「這東西旁人拿著沒用處，必須出手，京中沒有第二枚，一露面不就可以找到嗎？」明軒方才醒悟。

紀家有位親戚王某，喜吸蘭花煙，自恃煙量很大，要與紀曉嵐比試。紀曉嵐笑道：「先比比煙鍋如何？」原來王某煙鍋很小，不及他的三分之一。王某不服：「以吸煙總量多少決勝負。」

「可以。」紀曉嵐微笑地說。

比試以一小時爲限。結果紀的大煙鍋吸完七斗，王某的小煙鍋才吸五斗，只好甘拜下風。紀曉嵐煙量雖大，但自知煙技不高。他想起王士禎《漁洋夜譚》裡寫的周子畏，覺得自己是小巫見大巫。

《漁洋夜譚》裡寫的周子畏，煙技十分可觀。他在一間密不通風的房間裡，將吸了半天憋在肚子裡的煙吐出來，顯出各種形狀。照地一吻，吐出一團煙，形狀大如簸籮，再從舌根顎上一出齒際，則成一大幅。如是二、三次，只見一蝙蝠飛向圈外，圈套蝠中，愈出愈多，眞如月暈日環，幻化出千萬個圈子，有的粘在壁間，有的消失在地上，有的貼在人的衣履上，套在人的脖子上，簡直不可思議。

更神的是用煙繪成一幅幅神奇的圖畫，有的勝似雲彩，也有的如朋勢，不一而足。

這種種神妙奇觀，紀曉嵐最初將信將疑。但在乾隆二十三年五月，他的兒子汝佶到吳翰林家祝壽，親眼見到座上有人表演類似的煙技。那吸煙人把嘴一張，口中吐出的煙霧形成兩隻仙鶴；再一呼，吐出一圓圈，形如大盤，雙鶴穿之而過，往來飛舞。此情此景，紀汝佶記載詳細。爲此，紀曉嵐始信此中不虛。

紀曉嵐嗜好吸煙，或許是時尚使然。因爲吸煙在清代確實很盛行，不僅男人嗜好，就是閨中婦女也多好此習。康熙時就有人作了這方面的諷刺詩。如董竹枝云——

不惜千金買姣童，口含煙奉主人翁。
看他呼吸關情甚，步步相隨煙霧中。

《嘲女子吃煙者》云——

寶奩數得買花錢，象管雕鏤估十千。
近日高唐增妾夢，為雲為雨復為煙。

乾隆時代仍像康熙年間一樣，士大夫以吸旱煙爲時髦，婦女、小孩皆手執一管。酒肉可不食，惟煙不可少。客人來訪，也以敬煙爲先。有人作《詠美人吸旱煙》詩云——

起卷珠簾怯曉寒，侍兒吹火鏡臺前。
朝雲暮雨尋常事，又化巫山一段煙。
剪結同心花可憐，玉唇含吐亦嫣然。
分明樓上吹簫女，新風聲中引紫煙。

——可見耽於此道者的迷戀。

紀曉嵐所用煙斗不僅奇大，而且據說他吸的煙曾經過特別調製，除了煙草優質外，還摻入麝香等名貴藥材，密封蠟丸中，陳十年以上才能吸食。顏色有黑紫、老黃、嫩黃等，嗅之氣味醇厚、辛辣，據說有明目、提神、祛疫、活血之療效。

民間傳說則更爲神祕，說紀曉嵐的煙壺只自己裝，即使最心愛的妾明軒都不能沾手。以致京師傳說，紀曉嵐性欲奇強，與此煙中祕方有直接關係。流傳在河北的一則民間故事還說：乾隆對紀曉嵐的「煙道」十分佩服，曾願「拜師」，其目的是想窺知紀曉嵐的祕方。但紀曉嵐豈敢將天子收爲「門生」，便賦詩一首，婉言謝絕了。

23 《四庫全書》的豐碑

一個人的事業如果能與興趣結合起來，即可樂此不疲，也能使事業如日中天，獲得巨大的成就。但如此幸運的人不多。紀曉嵐編纂《四庫全書》，按說是一件苦差事，但這是他的興趣和長處，因而能在繁忙中得到樂趣。

乾隆二十八年（一七七三）閏三月，編纂四庫全書的準備工作已全部就緒，乾隆詔開四庫全書館。館中首設總裁，總裁之下設總纂、提調、總閱、總校、繕書、監造各處，分別在翰林院及武英殿展開工作。各部分的分校官、纂修官計三百多人，謄錄員一千人，總共有四千三百多人參與其事。

這套書編輯規模之龐大，恐怕應屬『世界之最』，雖非絕後，確是空前。

《四庫全書》的編纂機構，其中有皇六子多羅傎親王永瑢，皇八子多羅儀郡王永璿，皇十一子永瑆，東閣大學士、翰林院掌院學士、軍機大臣劉統勳，文淵閣大學士、軍機大臣劉倫，文華殿大學士、軍機大臣于敏中，武英殿大學士舒赫德，以及阿桂、英廉、程景伊、嵇璜、福康安、和珅、蔡新、王繼華、裘日修等各閣領事、各部尚書，先後十六人擔任總裁官。

副總裁官也先後有梁國治、曹秀先、張若、劉墉、王傑、彭元瑞、金簡、董浩、曹文埴、沈初、錢汝誠、李友棠等十二人之多。

眞正負責實際編纂工作的是翰林院侍讀紀曉嵐、刑部郎中陸錫熊、太常寺少卿孫士毅三位總纂官。陸費墀任總校官。纂修分校，則由戴震主「經」，邵晉涵主「史」，周永年主「子」，紀曉嵐主「集」。

他們帶領的纂修官總共達三百多人，其中像王念孫、朱筠、翁方綱、王太岳、姚鼐、盧文弨等，都是碩學通儒，一時名宿。他們校覈古籍，詔求天下遺書一萬三千餘部，釐定應刊、應鈔、應存，依照經、史、子、集，分門別類，列成總目。

前後一共用了近二十年的時間，《四庫全書》才最終告成。分別建「文淵」、「文津」、「文溯」、「文源」、「文滙」、「文瀾」、「文宗」七閣，貯藏了十七萬二千七百二十六冊全書，把中國古代的學術文化典籍幾乎包攬殆盡，眞稱得上「汗牛充棟」，亙古奇功了。

開館這年，乾隆已經六十三歲，惟恐看不到《四庫全書》的完成，又傳諭採擷四庫精華，編繕《四庫薈要》，並分繕兩部，一部貯藏於紫禁城內的摛藻堂，一部存放在長春園書屋，每部書有四百七十三卷，裝成一萬二千冊。

四庫全書的編校是中國文化史上的一件大事，也是乾隆年間的一樁盛舉。對紀曉嵐來說，則是他一生的主要成就。

紀曉嵐日坐書城，博覽群籍，尋章逐句，從《永樂大典》中搜輯散佚，盡讀各行省進獻書籍，極盡艱辛。整整用了八年時間，完成了《四庫全書總目提要》，又稱《四庫總目》或《四庫提要》，收正式入庫書三千四百五十八種，存目六千七百八十八種，總計一萬二百四十六種。

各書提要，將一書的原委撮舉大凡，並列敘者之爵里，訂辨其書文字之增刪，與篇帙之分合，批評其爲事議論之得失。諸書提要，分之則散弁諸編，合之則共爲總目。

「總目」按全書體例，分爲經、史、子、集四部。每部之首各冠以總序，撮其源流正變，以挈綱領。共分經部十類、史部十五類、子部十四類、集部五類。類下有屬，每類之首也各冠以小序，詳述其分併改隸，以析條目。

每類之中，先以文淵閣著錄（即編入四庫全書）的書籍列在前面。那些言非立訓、義或違經，與那些未越群流的尋常著述，經評定不足以收入四庫之中，也未嘗奉旨銷毀的書籍，則附存篇目，排列於後，藉存梗概，以備考核。如是流別繁碎的，又分析子目，使之條理分明。如是意有未盡，列有未該，就或在子目之末，或在本條之下，附注按語，以明通變之由。

諸書各以時代爲次，歷代帝王著作以隋書經籍志例，冠各代之首。每書名之下，各注某家藏書，以不沒其出處。那些坊刻書籍，不便專題一家的，便注上「通行本」。各書的編次先後都以登第之年、生卒之歲爲之排比，或根據所往來唱和之人爲次，不可詳細考證的就附在本年之末。僧侶羽士、閨閣宦仕，以及外國的著作，也各分時代，不再區分。

至於箋釋舊文，就仍從所注之書，而不論作注之人。如是裒輯舊文，而自爲著述，與根據原書而考辨的，事理不同，就仍隨時代編入，統計著錄有一百零二卷，存目八十七卷，著錄存目並有的有十一卷。一類或占一卷或數卷、十餘卷不等，別集多達三十八卷，楚辭類則不足一卷。全書共二百卷。書前冠以乾隆「聖諭」，館臣「進表」，與「職名」、「凡例」，以及「門目」等卷目四卷，大致記述了「全書」與「總目」纂修經過與編寫體例。

「總目提要」著錄的書共一萬多種，基本上概括了清代中葉以前中國的重要著作。這萬餘部典籍的提要，「門類允當，考證精華」，對了解中國古籍，研究中國古代文化，有著極其重要的意義。

這是一部非常偉大的學術著作，「進退百家，鉤深摘隱，各得其要指，始終修理，蔚爲巨觀」，「大而經史子集，以及醫卜、星相、辭曲之類，其評論抉奧闡幽，詞明理正。」當朝及後世學者讀後，無不驚歎紀曉嵐學識淵通，遂享有「通儒」之稱，被譽爲「一代文宗」。

24 偷閒享受人生

紀曉嵐為編寫《四庫全書總目》，將從各地搜集到的逾萬部書籍，以及宮中祕笈，一一細細審閱，披覽無餘。但起初，明代的《永樂大典》藏置何處，一時尋求未獲，使他為此事十分焦急。

這天，王文治看他著急的樣子，便想與他開開玩笑，鄭重其事地說：「《永樂大典》副本失於明亡之際。其正本乃國中之寶，明廷十分珍重，當藏之祕閣幽室，方能免毀於兵燹。今事過三百年，世間尚無正本的傳聞。查諸史籍，更無記載。究竟藏於何處，惟有鬼神能知。我看，你不妨齋戒三日，祈神指點，或許能出現奇蹟。」

齋戒三天，不食腥葷，不近女色，這在一般人說來，並不是什麼難為之事。可是，對紀曉嵐就不同了。他性喜肉食，平時養成了習慣，每日三餐，頓頓吃肉，配以濃茶即可。如今要他齋戒吃素，無異於一種刑罰。

再說他自幼就精力旺盛，從十七歲結婚，到這時三十多年了，除了不得已的情況，幾乎夜不虛度；雖年屆半百，依然如故。三夜獨眠，也會使他難忍難熬！

對於他的生活癖好，王文治素來清楚。所以建議他齋戒三日，表面上一番好意，肚子裡流的卻是一灘壞水，要治治這位好色成性的風流才子。

紀曉嵐是何等聰明，哪裡會不明白王文治的用意。但他考慮：既然沒有《永樂大典》散佚的傳聞，那肯定還藏在什麼地方！只是尋找得不細，沒有發現罷了。在宮中再細緻地尋找一遍，即使找不到，也可斷定它沒有藏在紫禁城中了。紀曉嵐考慮再三，居然不露聲色，願意依計而行。這一點，實在出乎王文治的意料。

「你當眞齋戒三日？」王文治不大相信。

「只要能找到《永樂大典》，我齋戒一個月也無妨。更何況事關鬼神，不可半點造次！」紀曉嵐也一本正經起來。

事也湊巧。紀曉嵐齋戒了兩日，指揮宮中大小太監細細查勘。一位小太監爬到「敬一亭」頂架上，終於發現了密藏在這裡三百餘年的《永樂大典》。

「找到啦，找到啦！」小太監高興得一時忘了宮中禁忌，高聲歡呼起來。

紀曉嵐聞訊，趕赴敬一亭，欣喜若狂，奏請皇上，遷大典至翰林院。有二千四百七十三卷，九千八百八十冊，從中輯錄三百八十五種，交武英殿以聚珍版印行。

各省進獻的書籍已堆積如山，釐定鈔、存之後，分發給各分校官，作初步校勘。

鑒於原書大小長短規格不一，編纂後全部木刻，不但費時過久，而且耗資甚巨，不如全部手抄。一來便於更改原著，二來大小可統歸劃一，又能節省時間和費用。紀曉嵐等人奏請聖裁後，召集京中善於書法的舉人、貢生、監生數百人，派爲謄錄員，負責抄寫。並制定了一套獎勵辦法，規定每人每日抄寫一千字，扣除領書、交書時間，每年須抄三十萬字。按時登記，五年議敘。

這辦法實施後，果然有效，謄錄工作頗爲順利。

四庫書館的總纂之所設在圓明園新建的文源閣。紀曉嵐家居城內，離這裡二十餘里，每天步行到此，往返頗爲費時。便在海淀買下一處房舍，就是槐西寓所，《閱微草堂筆記》中，稱作「槐西老屋」，攜明軒住在這裡。明軒身邊有丫環玉台侍候。

遷居後，路雖近多了，但他已養成疾步如飛的習慣，每天匆匆往返，同事們歎莫能及。一天，紀曉嵐正在路上匆忙行進，趕上了前面走著的詹事府少詹事彭元瑞。兩人打過招呼，比肩前進。彭元瑞隨他加快腳步，但走著走著，就跟不上了，直累得氣喘吁吁，只好讓他前面先走，自己徐步後行。

到了圓明園，紀曉嵐已閱書數卷。彭元瑞喘息未定，向人說起路上之事，笑道：「紀曉嵐確是神行太保。」紀曉嵐正端坐看書，應聲答道：「彭芸楣不愧聖手書生。」

「好聯，好聯！」眾人聽了，大表驚歎。

陸錫熊，字健男，號耳山，江蘇上海人，乾隆二十六年進士，召試授內閣中書，深得劉統勳賞識，也由劉統勳舉薦，與紀曉嵐同司《四庫全書》總纂。二人非常相合，交情很深。只是陸錫熊的宦途際遇比紀曉嵐更為坎坷，曾經多次謫遷，到晚年纂修《四庫全書》時才算安定下來，與紀曉嵐同蒙高宗倚重，官至刑部郎中。他倆修書之餘，常常互相唱和，戲謔為樂。

一日校書休息，紀、陸二人對座，陸健男講起昨天訪友之事。他驅車城外，歸途經過一處「四眼井」，便休息飲馬。眼前情景使他想出一聯：「飲馬四眼井」。路上想著下聯，居然沒有一副滿意的。言罷，便要紀曉嵐對出下聯。

紀曉嵐聽完，笑嘻嘻地揉了一下鼻子，又用手中的大煙鍋指向陸健男，說道：「閣下本身不正是很好的下聯嗎？」

「你所指為何？」陸健男不解地追問。

「閣下的號，耳山哪！」紀曉嵐說：「『飲馬四眼井』，用『馱人陸耳山』來對，真是再好不過了！」

「哈哈哈……」兩人相視大笑，室內洋溢著融融的春意。

25 即使立功，仍須如履薄冰

《四庫全書》的編修，除了乾隆用來誇耀文治，顯示自己尚文好古，博取美名而外，根本目的是推行文化專制主義，藉以鞏固清王朝的統治。

在編書的頭一年，乾隆曾兩次提出：編寫《四庫全書》時，對古籍該「毀棄」的應予毀棄，該「刪改」的應予刪改。第二年八月，他在給幾位軍機大臣的諭旨中，明確說過：凡「有詆毀本朝之語，正應乘此機會查辦一番，盡行銷毀，以杜絕、遏止邪言，正人心而厚風俗」。

在編纂的過程中，凡近朝野史及明人有關奏議文集，只要內容稍有嫌疑，對清廷不利者，也一概焚毀勿論。更甚者，一些並未「詆毀本朝」，甚至與政治毫無干係的著述，如顧炎武的《音學五書》等，也遭到毀版的厄運。至於那些補刪改的書，往往被弄得面目全非。

《四庫全書》裡面，凡是「胡、虜、賊、寇」一類字眼，都一一改換。例如「胡」改爲「金」，「虜」改名「敵」，「賊」改爲「人」，「虜廷」改為「北廷」，「入寇」改爲「入塞」，「南寇」改爲「南侵」等等。此類情況，不勝枚舉。

《四庫全書》的編纂過程是對中國古代文化的一次劫掠。據統計，在編書的十年中，僅浙江一省就毀書二十四次，達五百三十八種，一萬三千八百六十二卷之多。江西巡撫海成，僅在乾隆四十一年，就搜繳焚書八千多部。就全國來說，焚書數量之巨，更是驚人之極，達幾倍、十幾倍，甚至幾十倍於《四庫全書》的數量。因此，乾隆焚書之甚，堪稱空前絕後，是中國歷史上焚書最多的人。

乾隆四十六年，紀曉嵐經過八年殫精竭慮，全力以赴，整天手不停揮，有時竟至整日不歸，終於完成了《四庫全書總目提要》，將抄錄入府和抄存卷目的圖書全部彙要於內，鉤沈擷萃，各得其所。

進呈御覽之後，乾隆龍顏大悅，重重賞賜。

這八年間，紀曉嵐因苦幹而深得聖上垂撫，官職屢屢升遷。初任總纂官時，他只是侍讀，繼而爲侍讀學士；不久升爲京察一等，兩年後便晉爲內閣學士，總理中書科。

《提要》完成，第一部《四庫全書》也粗具端倪。這時乾隆便爲御製序文忙碌起來。這樣一部曠古奇書，御製序文當然非同小可，連皇帝也不輕易下筆。乾隆將紀曉嵐留在宮中，要他代作。但又怕別人知道，便讓紀曉嵐住在御書房裡，每日夜晚，兩人商量，如何編製，如何措詞，每每忙到深夜。

轉眼到了次年正月，紀曉嵐等人纂修的第一部《四庫全書》繕成，共收書三千五百零五種，七萬九千三百三十七卷，裝訂成三萬六千餘冊。全書封面，經部綠色，史部紅色，子部藍色，集部灰色，簡目目錄爲黃色。全書一律用宣紙朱欄，黑筆手抄，每頁十六行，每行二十一字，魚尾下標注書名、卷次及頁數，紅框白口，天寬地闊，清朗美觀。這部中國前所未有的大叢書規模宏偉，卷帙繁富，保存了許多珍貴的文獻，有的採自府內藏本，有的來自藏書家的進獻本，有的是《永樂大典》中的輯本，彌足珍貴。

御覽之後，聖心大悅，詔令庋藏於紫禁城內文淵閣。文淵閣內設置領閣事、提舉、直閣事及校理等官掌管。紀曉嵐被任爲文淵閣直閣事，兼任兵部右侍郎。

此後，《四庫全書》又分繕六部，建閣庋藏。盛京瀋陽故宮內一閣，稱「文溯閣」，圓明園內一閣稱「文源閣」，熱河承德避暑山莊內一閣稱「文津閣」，連同文淵閣，謂之「北四閣」或「內廷四閣」。又以江浙爲人文淵藪，在揚州的大觀堂建文滙閣，鎮江金山寺建文宗閣，杭州聖因寺行宮建文瀾閣，各貯全書一部，稱爲「南三閣」或「江浙三閣」，允許士民赴閣，傳觀抄錄。

到了乾隆五十五年，七部全書才全部繕寫完成，送藏七閣。從開館修書算起，共經歷了十八個年頭，才告竟成功。以十數年之歲月，成如此壯觀宏偉之巨構，實在是古今中外所僅見。

編纂期間的校勘工作很費了些周折。

乾隆四十三年，乾隆初覽進呈的部分抄本，發現訛誤很多，遂於五月二十六日批諭：「進呈各書，朕信手抽閱，即有誤舛。其未經指出者，尚不知凡幾？既有校對專員，復有總校、總裁，重重覆勘，一手經數人手眼，不爲不詳，何竟漫不經意，必待朕之遍覽乎？若朕不加檢閱，將聽其訛誤乎？」

從此以後，校勘考核更嚴，經紀曉嵐覆勘文津閣的藏本，查出謄寫錯落字句、偏謬之書各六十一部，漏寫《永樂大典》三部，漏寫遺書八部，繕寫未全者三部，坊本抵換者五部，文字舛誤者一千餘條。

其它六閣的藏書自然也有此類情形。事實上，這麼多書，訛誤在所難免。早在編纂之初，紀曉嵐就意在避免差錯，嚴格校對，處罰出現差錯的纂修官和各處人員時時有之，但防不勝防，屢屢出錯。紀曉嵐親自查問。各纂修官互相推諉，不肯承認是自己的差錯。儘管冊簿記著某人負責某書，也不肯承認，說是：記錄簿記錯，張冠李戴了。紀曉嵐便也作罷，不再硬逼。他在牆壁上題了一首詩——

張冠李戴且休談，
李老先生聽我言。
畢竟尊冠何處去，
他人戴著也銜冤。

那些校勘官還有一段給皇帝拍馬屁的祕事：在進呈御覽的書中，每一頁的頭一個字故意寫錯，留待乾隆校閱指斥，好讓皇帝顯得聖明。如果錯字沒有被乾隆發現，那就成爲御定之本，即使校勘的官員發現，也不敢改正了。這眞是荒天下之大唐！

也難怪事與願違，拍馬屁拍得太不是地方了。皇上發現僞謬如此眾多，龍顏大怒，責令重新校正。因此負責校勘的官員受到處分者爲數眾多，也是罪有應得。

總校官陸費墀受的處分最重。文瀾閣、文匯閣、文宗閣三閣藏書的面頁、木匣，皇上責令由他出資裝治。有了經濟制裁還不算，仍下吏議奪職。這下更麻煩了。不久陸費墀便在憂愁中死去。這時皇上又下令籍沒陸費墀的家產，只剩下千金，用以贍養其妻子兒女，餘數全部作爲三閣藏書的裝治之用。

陸費墀，字丹叔，復姓陸費，浙江桐鄉人，乾隆三十一年進士，改庶吉士，授編修。充任《四庫全書》的總校官後，像紀曉嵐、陸錫熊一樣，接連升遷，初擢侍讀，累遷禮部侍郎。但因校書一事，落得個家破人亡。

陸錫熊與紀曉嵐同爲總纂官，雖然沒有取得紀曉嵐那樣大的成就，但受到的處分卻不比紀曉嵐輕。皇上諭令將《四庫全書》「重爲校對」，此番繕寫之費，「責錫熊與昀分任」，陸錫熊掏了大部分，紀曉嵐拿出小部分。又詔令陸錫熊去奉天校正文溯閣之藏書。沒等校書完工，陸錫熊便命歸黃泉，死在奉天。

總纂、總校幾人中，最幸運的還數紀曉嵐。承上詔諭，特准免議。但他身爲總纂，在責難逃，就讓他出點錢了事。直到七閣《四庫全書》全部告竣，他的官職已升至禮部尚書。這當然與他受命篡改遺詔有關。但皇上深知他勤勉於事，編纂、校正不辭勞苦。那年夏天，乾隆到總纂處巡視，看到紀曉嵐脫光膀子苦幹的情景，聖心爲之感動。

至於陸錫熊、陸費墀以下的校勘人員，有很多人所受的處分極爲嚴厲。翰林蔡葛山就是其中一員。他與紀曉嵐交情很深，曾向紀曉嵐發牢騷：「我校四庫書，因訛字奪俸，實在覺得冤枉。但又有什麼辦法？這些年白白辛苦了一場，不但得不到升遷，還把這些的年積存全搭進去了。」

紀曉嵐勸慰道：「事已至此，先生何必太認眞？因此事受罰，多至幾百人。你與他們相比，境況尚屬不錯。您不見總校陸費墀，新近鬱鬱而死，落得傾家蕩產，人亡家敗嗎？先生何不想想，若非此事，那些遺書祕笈，一生還有讀到的機會嗎！」

「說得也是。」蔡葛山點點頭，「我確有一事，深得校書之力。」

「是哪件事？」

「我的一位幼孫，偶然吞下一枚鐵釘，郎中以朴硝等藥攻之不下。幼孫漸弱。就在這時，校《蘇沈良方》，見有小兒吞鐵物方寫道：『剉新炭皮，研爲末，調粥三碗，與小兒食，其鐵自下。』依方試之，果然炭屑裹鐵釘而出。我這才知道雜書也有用處啊！」說完，蔡葛山欣慰地笑了。

《蘇沈良方》一書的作者是蘇東坡和沈存中，兩人是宋代的學者，都對醫藥很有研究，宋人將他們的藥方集成此書。到清朝初期，世上已無傳本，只有《永樂大典》收其全部。紀曉嵐編纂《四庫全書》時，十分珍視這一文化遺產，便囑咐纂修官王史亭將此書排纂成帙，刊印出來，使之在世上流傳下來。

26 大隱於朝的智慧

人說：「好死不如賴活著。」其實，若能「好活」，誰願「賴活著」？紀曉嵐面對官場的黑暗，不僅不躲，而且廁身其間；不僅身處其中，而且謀取高位，稱心如意。

古人說：「大隱於朝、中隱於市、小隱於野。」

漢武帝時期，有一個東方朔。他說：「我是在朝廷中躲避亂世。古人講求到深山老林避世歸隱，他們哪比得上我……在這煌煌宮殿中就可避世全身，何必定要到深山之中，茅屋草廬之下。」

紀曉嵐雖是朝中大員，但他一生在經世方面並無大的建樹。他晚年時即自承只是「尋常供職」、「久無建白」。然他的一生又絕非庸庸碌碌；無論在事業還是生活上，他都是一個成功者。

他博覽群書；編纂《四庫全書》時，更幾乎將中國歷代有價值的書都認眞閱讀了。可以說，任總纂官近二十年間，使他走進了中國文化的每一座殿堂，他從中吸取了各方面的營養。自他的曾祖父輩，他家就藏有東方朔的所有作品。少年時代，他就十分崇拜東方朔。一次讀書時，看到東方朔上書漢武帝卻遭逮捕下獄，就對漢武帝有了不好的印象。後來編《四庫全書》，將秦皇、漢武列爲一類，認爲都是極專制的暴君。

乾隆看後大爲不滿，說漢武帝開疆拓土，政治清明，怎能與秦始皇相比？紀曉嵐爲此被罰俸三年。由這件事，紀曉嵐對乾隆有了更深一層的認識。對東方朔的生存方式則有了心靈的期許。

有一次，他隨乾隆登泰山，終於有機會到東方朔的老家去神交這位仰慕已久的古人。路過德州，德州與陵縣之間的厭次（今山東惠民縣）就是西漢文學家、幽默大師東方曼倩（即東方朔）的故鄉。他走訪東方朔少年時代的家鄉後，與友人大談東方朔。情動之下，還寫了一首《詠東方曼倩》詩。詩云——

十八年間侍紫宸，
金門待詔好容身。
詼諧一笑原無礙，
誰遣頻侵郭舍人。

——這是詠東方朔，也是他的自我表白。

東方朔在漢武帝身邊任太中大夫，依靠他的幽默滑稽，博得武帝的歡心和信任。紀曉嵐覺得伴君如伴虎，侍候君王，時時有招禍的危險，一言不慎，一字寫錯，即可鑄成大錯。只有借幽默詼諧、滑稽的談吐保護自己。其中的酸甜苦辣只有自己知道！

東方朔喜讀古書，愛好術數，讀了許多儒家以外的奇書祕笈。剛到長安時，他到公車府上書，寫得非常長，一共用了三千片木牘。往皇宮裡送這份奏書時，公車令派了兩個大漢，才勉強抬了進去。他的寫法也很特殊，寫完這一句，下一句就換了木牘，寫完再倒過來，害得漢武帝花了一個月時間才讀完。

這一奇怪的舉動並沒有激怒武帝，反而覺得很有趣，於是下詔任他爲郎，讓他經常在身邊侍候，又經常把他召到面前談笑。他妙語連珠，滑稽不窮，每一次都讓武帝十分開心，經常留他在宮裡吃飯。吃飽後，還將沒吃完的肉全部帶走，常常弄得滿身油污。武帝因爲喜歡他，經常賞賜布匹綢緞和錢，每次都讓他挑著回去。這些錢財他吃用不完，就用來在長安城中娶漂亮的少女；娶回家中滿了一年，便休掉另娶，從武帝那裡所得的錢財也因此花得精光。

因爲他行爲古怪，武帝左右的侍郎和大臣都叫他「狂人」。武帝聽聞此事，對這些人說：「如果東方朔沒有這些毛病，你們哪裡比得上他？」

東方朔有幾個兒子，他通過各種門道，讓他們都當上侍衛皇帝的郎官，經常奉武帝之命，持節出使外國。

一次，他從皇宮前殿經過，一個郎官對他說：「人們都說先生你是個狂人，是眞的嗎？」他一聽，笑著說：「不然，不然！像我這樣的人，是在朝廷之中躲避亂世。古人講求到深山老林避世歸隱，他們哪比得上我？」

他喜歡喝酒，喝醉了，便又是唱歌，又是說胡話。有一次，他又喝醉了酒，坐在地上唱了一首歌。詞中之意是：「陸地上沒有水，我卻沈沒了，避世在這金馬門。這煌煌宮殿中就可以避世全身，何必定要到深山之中，茅屋草廬之下。」

有一年，長安城建章宮的後閣欄下面出現一隻奇異的動物，形狀有些像麋，卻叫不出名字。官員們將此事上報。武帝接報，親自跑去觀看。他問左右群臣中那些博習經書，知識淵博的人，此物是什麼，竟沒有一個人答得上來。於是他派人去找東方朔。東方朔來了以後，探頭看了看，隨即奏道：「微臣知道這東西的名字。但請陛下賞賜臣一桌美酒佳肴，臣才奏明。」武帝答應了。

過了一會，東方朔又說：「某個地方有公田漁池蒲葦數頃，請陛下將這塊地賞賜給臣，微臣再說出牠的名字。」武帝急於知道，又答應了。東方朔這才說：「這東西叫騶牙。遠方異國將要歸順朝廷，騶牙就先出現以示兆。這種動物的牙齒前牙和後牙長得大小一樣，分不出來，像沒長牙一樣，所以叫騶牙。」

一年多之後，因驃騎將軍霍去病的攻伐，匈奴的渾邪王果然率領十多萬人眾降了漢朝。爲了東方朔的這個預言，武帝又賞賜了他不少財物。

東方朔在漢武帝身邊十幾年，經常上書，但武帝就是不予重用。紀曉嵐讀完東方朔的《七諫》，對「初放」一節大爲感慨，說自己在二千年前就找到了知音。

經歷了放逐新疆的曲折，面對人生的得失榮辱，紀曉嵐不禁生出了一種蒼涼感。從烏魯木齊被召回京師的那年冬天，有人拿來一幅《八仙對弈圖》，求他題詩。圖上畫的是韓湘子與何仙姑對弈，呂洞賓、漢鍾離、藍采和、張果老和曹國舅五仙旁觀，鐵拐李卻超然物外，躺在旁邊樹下石頭上，枕著葫蘆酣然大睡。紀曉嵐大有所悟，覺得自己應像鐵拐李那樣，置一切世事於不顧。這才是最大的智慧，也是最大的幸福。

明清之際的著名學者、思想家孫奇逢曾說了一段名言：「風波之來，固自不幸，然要先論有愧無愧。如果無愧，何難淡然當之。此等世界，骨脆膽薄，一日立腳不得。若做好男子，必須經磨練。生於憂患，死於安樂，千古不易之理也。孟浪不可，一味愁悶，又何濟於事？患難有患難之道，自得二字，正在此時理會。」

紀曉嵐因盧見曾一案牽連，經二年多西域風霜的鍛鍊，洞視人間的世態炎涼，功名利祿之心大減，恃才傲物的性格爲之一變，顯得世故老到起來。這未嘗不是一種收穫。也可以說，他是中國士人中少有的由聰明變「糊塗」的人之一。其後在乾隆身邊幾十年，除了完成曠世大典《四庫全書》之外，他久居高位，但「一無建白」，因此「平生恒內愧」。但正是這種淡得無味的生活，才保全了文網嚴密、專制酷烈下一個知識分子的軀體。

這是一個只需要英明皇帝的時代，這是一個只需要臣僕和奴才而不需要英雄的時代。多少年後，大才子梁啓超入木三分地說：清代是一個不需要名臣的時代。一旦「爲名臣、爲名輔、爲名將，其性命之虞至矣」。

中國古代的知識分子極富理想主義，也以儒家的「兼濟天下」爲己任。但他們又是實用主義者。在逆境中，往往汲取老莊的人生哲學，視作自己的目標。

大詩人白居易早年仕途順利，「十年之間，三登科第，名入衆耳，跡升清貴。」他當時在朝中任諫官，剛直敢諫，是極優秀的官員。他的「勿輕直折劍，猶勝曲金鉤」之類詩句，完全是捨生取義的架式。這正是儒家入世精神的精髓。其後遭到挫折，被貶到江州任司馬。他反省自己的前半生，說：「三十氣大壯，胸中多是非。」似有悔恨之意。後期生活，佛老思想占主導地位。他將儒家「樂天安命」、道家「知足不辱」、佛家「四大皆空」融合到一塊，浮沈於宦海，成爲世故的官僚。他的好友劉禹錫如此描繪晚年的他：「吏隱情兼遂，儒玄道兩全。」非常確切。他雖然一直爲官，但已經不關心朝政了。所謂「面上滅除憂喜色，胸中消盡是非心。」「世界盡不關吾事。」所謂「大隱隱於朝」，他晚年走的正是朝隱的道路。而且他晚年念佛茹素，儼然是一位居士了。

道家學說對失意的士人來說，的確有精神調節的作用。魏晉時期玄學盛行，在思想方面對儒家的權威地位進行挑戰。玄學興起，要因在於官場黑暗，政治鬥爭殘酷，士人視仕途爲畏途，怕當官又不能不當官，身在官場，迴避官場的傾軋，內心感莫大之痛苦。從阮籍的《詠懷》詩中就可看出當時士人的焦慮、困惑、迷惘甚至恐懼的心理——

夜中不能寐，起坐彈鳴琴

……

徘徊將何見，憂思獨傷心。

一身不自保，何況戀妻子。

凝霜被野草，歲暮亦云已。

終身履薄冰，誰知我心焦。

在恐怖的高壓政治之下，避世遠禍，常成爲士人選擇的道路。當政治黑暗，仕途特別險惡之際，佛老思想往往盛行，隱逸之士便多了起來。

「萬里從軍鬢欲斑，歸來重複上蓬山。」回到京師的紀曉嵐經過謫戍烏魯木齊的挫折，心理氣質發生了很大的變易，他的心路歷程走向同白居易、蘇東坡等等名士一樣的路徑。「早歲登金馬」的意氣飛揚不見了，他像受了傷的敗鷹，已經不能引翅高飛了。

後期的紀曉嵐一天天走向深沈。在因罪謫戍的日子裡，他認眞反省個人的經歷，由此而產生頗多悔悟。爲此，他在多封家書中殷切叮囑弟弟秀嵐放賑施藥，勸誡琳妹勿鞭捶婢女，訓誡諸子「四戒四宜」：勿持傲慢、勿尙奢華、勿輕賤農夫、勿盛氣淩人。

他還在家書中語重心長地向家人講述世祿之家盛衰榮枯、盈虛進退之理。對生活眞實的貼切認識，使他在烏魯木齊時的心情「反較京華暢適」。

同時，謫戍烏魯木齊的經歷也使他對君主意志的隨意性、官場的險惡與人事的炎涼有了更眞切的體會，一種人生空幻感與迷漫感傷的情緒不由得縈繞心間。他曾爲從烏魯木齊攜回的一硯賦詩——

枯硯無嫌似鐵頑，相隨曾出玉門關。

龍沙萬里交遊少，只爾多情共往還。

在昔日朋友疏淡之時，紀曉嵐倒爲老僕人王德的「義氣」所感動。他在寫給弟弟秀嵐的信中直抒胸臆，打算回家拜望久違的鄉親。四年遠別，今日重回，城郭依然，市廛景象卻非復舊觀，能不令人興今昔之感嗎！

老僕王德，在他出京時懇乞隨行，他念其年老，遠赴西域，於心不忍，遂轉薦於董尚書。不料王德猶戀戀於故主。紀曉嵐人剛入都門，他已肅候道左。紀曉嵐爲此大發感歎：「當此世道凌夷，人心不古，士大夫都尚錦上添花，殊少雪中送炭，而奴僕輩反能不忘故主，甘同患難，實屬難能可貴焉。」

紀曉嵐並未因官場險惡就消極避世，仍然積極入世，大隱於朝，出淤泥而不染，從而既保證了生前榮華富貴之身，又存留了身後萬古流芳之望。

27 打造後世子孫的幸福

紀曉嵐不僅嚴以律己，而且對子孫教誨不倦，對晚輩疼愛有加。在寫給夫人馬氏的家書中，他訓誡諸子要做到「四戒四宜」，即「一戒晏起，二戒懶惰，三戒奢華，四戒驕傲；一宜勤讀，二宜敬師，三宜愛衆，四宜慎食。」並說：「以上八則爲教子之金科玉律」，「雖僅十六字，渾括無窮」，「後輩之成功立業，盡在其中焉。」他叮囑馬氏夫人「細細領會」，「銘諸肺腑，時時以之教誨諸子。」在其餘諸多家書中也諄諄教導諸子，勿持傲慢、勿尚奢華、勿盛氣淩人、勿鞭撻僕婢、勿輕賤農夫。他還在家書中語重心長地向家人講述世祿之家盛衰榮枯、盈虛進退之理。

他共有四子：長子汝佶，字御調，生於乾隆八年（一七四三）十二月二十七日，卒於乾隆四十一年（一七七六）。乾隆三十年中舉，候選知縣。娶宛平縣（今屬北京市）吏部稽勳司郎中張模之女爲妻，生子六人。《大清畿輔書徵》載：「御調字俠如，又字半漁。有《半舫詩抄》。」

次子汝傳，字緒承，生於乾隆十二年（一七四七）九月十三日，卒年不詳。由《四庫全書》館議敘，歷任湖北布政司經歷、江西南昌和九江等府通判。娶河北武清縣趙晶之女爲妻，生子五人。

三子汝似，字象庭，生於乾隆三十一年（一七六六）九月二十七日，卒年不詳。由鴻臚寺序班加捐廣東候補知縣。梁紹壬《兩般秋雨庵筆記》載：「鴻臚寺序班一官，皆考取大（興）宛（平）生員爲之。河間紀象庭二尹，曉嵐宗伯之少子（此乃梁氏誤記，當作三子）嘗爲此職。」娶河北文安縣井其相之女爲妻，沒有子嗣。

四子汝億，字萬斯，生於乾隆四十九年（一七八四）十一月二十七日，卒年不詳。娶河北深州田自福之女爲妻，沒有子嗣。

有女三人：長女嫁給山東德州盧見曾之孫盧蔭文；次女嫁給長山（今山東鄒平縣）袁守誠之子袁煦；三女許配河北獻縣戈源之子，未嫁即亡。

紀曉嵐在《閱微草堂筆記‧灤陽消夏錄》卷五第三十八則中飽蘸依依難捨之情，記述了三女兒同他父女情深的極爲感人的一幕：三女卒於乾隆五十五年（一七九〇）夏至那一天，只有十歲。夏至前一天，五月初八，三女已病危。當時紀曉嵐正在安定門外的地壇主持祭地大禮，難以離開。三女忽自言自語道：「今日初八，吾當明日辰刻去，猶及見吾父也。」家人問她何以知之。她閉上眼睛，不做回答。

紀曉嵐初九歸邸，果然還來得及爲她送終。待她氣絕，牆上的洋掛鐘整整響了八下，正是辰正時刻。由此亦可見紀曉嵐同兒女們感情之一斑。

對長子汝佶，紀曉嵐格外疼愛。他在《閱微草堂筆記・灤陽續錄》附記中說：「亡兒汝佶，以乾隆甲子生。幼頗聰慧，讀書未多，即能做八比。」汝佶雖極負才華，惜不永壽，享年只有三十三歲。紀曉嵐認爲，這都是因爲汝佶「見《聊齋志異》抄本（原注：時是書尚未刻），又誤墜其窠臼，竟沈淪不返，以訖於亡。」由此可知，紀曉嵐極力非難《聊齋志異》，除了文學觀與蒲松齡不同外，還有失子之痛這一層關係在內。

在《閱微草堂筆記・灤陽續錄》附記中，他又十分傷感地說：「其遺詩遺文，僅付孫樹庭等存乃父手澤，余未一爲編次也。惟所做雜記，尚未成書，其間瑣事，時或可采。因爲簡擇數條，附此錄之末，以不沒其篝燈呵凍之勞。又惜其一歸彼法，百事無成，徒以此無關著述之詞，存其名字也。」

汝佶出生時，紀曉嵐只有二十歲，他極喜歡這個寧馨兒，對其寄以厚望。他叮嚀長子要遵照《論語・季氏》中「三友」的教誨，謹愼交友，千萬不要上當受騙。兩人定然有過一段父子相悅，共享天倫之樂的溫馨生活。

乾隆五十八年（一七九三），紀曉嵐已是七十歲的古稀老人，汝佶亡故也已十七年，他在《閱微草堂筆記．姑妄聽之》卷三第二十五則中猶無限深情地回憶起他被謫戍烏魯木齊之際，汝佶去山東泰安投奔他的門生朱子穎知府。

朱子穎送給汝佶一方大理石鎮紙，乃明代王寅的故物，天然紋路十分精美：「一面懸崖對峙，中有二人乘一舟順流下；一面作雙松欹立，針鬣分明，下有水紋，一月在松梢，一月在水；宛然兩水墨小幅。上有刻字，一題曰『輕舟出峽』，一題曰『松溪印月』，左側題『十嶽山人』。」待紀曉嵐自烏魯木齊返京，汝佶將這方鎮紙獻給了父親。二十二年後，紀曉嵐重溫舊憶，不無惋惜地歎道：「余於器玩不甚留意，後眾人取去，煙雲過眼矣。偶然憶及，因並記之。」

乾隆五十四年（一七八九），汝佶亡故十三年之後，紀曉嵐在《閱微草堂筆記．灤陽消夏錄》卷五第二十二則中憶及汝佶彌留之際的一件瑣事：汝佶病危時，他的女兒為父親焚化一匹紙馬。汝佶絕而復蘇，說：「吾魂出門，茫茫然不知所向。遇老僕王連升牽一馬來，送我歸。恨其足跛，頗顛簸不適。」焚化紙馬的那個僕人聞聽此言，流著淚說道：「是奴罪也。舉火時實誤折其足。」這則筆記說明，長子雖已亡故多年，依然久久縈繞在他的心間，難以忘懷。

汝佶亡故時，紀曉嵐曾親擬一副挽聯：「生來富貴人家，卻怪怪奇奇，只落得終身貧賤；賴有聰明根器，願生生世世，莫造次各種因緣。」（楊濤《紀曉嵐外傳》）這副挽聯，既爲長子的夭折而惋惜，也在埋怨《聊齋志異》這等「雜書」斷送了愛子的性命。

常言說：物在人亡，尤使人悲愴。紀曉嵐遇到的卻是人亡物也亡。他在《閱微草堂筆記・槐西雜誌》卷四第二十八則中記載了這樣一件事：家中原藏有兩方古硯，一方是明熹宗時鎮守遼東的重臣熊廷弼的遺物，一方是明末著名的總兵官孫傳庭的遺物，均交長子汝佶收藏。「汝佶夭逝，二硯爲婢媪所竊賣，今不可物色矣。」

古人云：睹物可以思人。紀曉嵐遇到的卻是：不僅長子人已亡故，連長子收藏的古硯也無物可睹。這該是多麼大的悲哀！所以，他在家書中一再叮囑次子汝傳：「汝佶死後，（二硯）被婢嫗所竊。此乃前代遺物，豈容散失。爾宜留意，時往古董肆及舊貨攤上物色，務求原璧歸趙。」此猶不足，在同一封信末尾，他再次強調：「因得此硯，而憶及汝佶死後之失硯，囑爾注意物色。勿懈。」紀曉嵐之所以如此不肯罷手，除卻這兩方古硯本身的價值，還有睹物思人一層意思在內，是想爲亡兒汝佶留個紀念。

汝佶死後，或者更準確地說，汝佶迷戀《聊齋志異》等「雜書」以後，紀曉嵐很失望，便把滿腹希望都寄託在次子汝傳身上。汝傳比長兄小四歲。乾隆二十八年（一七六三），紀曉嵐出任福建學政，汝傳隨父到任，在衙署讀書，時年十六歲。紀曉嵐在寫給馬氏夫人的家書中說：「二兒早經娶妻生子，閱歷稍深，堪爲雁行之導，宜囑其加意防範，勿使其誤交損友，引作狹邪遊。」寥寥數語，望子成龍之心切已躍然紙上。他希望汝傳不要交結壞朋友，不要去逛妓院，要做弟弟們的表率。

在寫給汝傳的家書中，他更是耳提面命，不肯放鬆分毫：「當世宦家子弟每盛氣淩轢，以邀人敬，謂之『自重』。不知重與不重，視所自爲。苟道德無愧於賢者，雖王侯擁篲不爲榮，雖胥靡版築不能辱。可貴者在我，在外者不足計耳。如必以在外爲重輕，待人敬我我乃榮，人不敬我我即辱，則輿台僕妾皆可以自操榮辱，勿乃自視太輕耶。先師陳白崖先生嘗手題於書，言曰：『事能知足心常愜，人到無求品自高。』斯眞標本之論。爾當錄作座右銘，終身行之，便是令子。」這段話給兒子講如何做人的道理，虛實相間，深入淺出，教導汝傳萬萬不可學紈袴子弟，仗勢欺人。

紀曉嵐不僅對次子寄望甚殷，對次媳趙氏也頗爲滿意。他在寫給汝傳的家書中說：「昨得爾母來書，云此次得以不死，全賴次媳純孝格天心，始得喜占勿藥。蓋當病篤時，爾婦曾背人割臂肉入藥以進。並且兩月來，夜夜衣不解帶，在病榻前侍奉。家門出此孝婦，殆爾母平生未嘗罵奴扑婢，因是修得之耶。榮幸之至！」

欣慰之情，溢於言表。他在《閱微草堂筆記・槐西雜志》卷三第七十則中又說：

「次子汝傳婦趙氏性至柔婉，事翁姑尤盡孝。馬夫人稱其工容言德皆全備，非偏愛之詞也。不幸早卒，年僅三十有三。余至今悼之。」惋惜之情，尤在言外。

紀曉嵐得三子汝似時四十三歲，得四子汝億時六十一歲。汝似比長兄小二十四歲，汝億則小四十二歲。也許是年齡相差太多，到紀曉嵐辭世的時候，四子汝億才二十一歲，所以他對這個小兒子幾乎沒有什麼文字記載，倒是對三子汝似頗多述及。

他在寫給汝似的家書中批評：「爾之詩文果然語語珠璣，絕無瑕疵可摘，人皆讚美之不遑，烏有人指摘一字？爾莫謂登賢書是爾學問優長有以致之，乃是賴余之微名，始得僥倖成名，莫怪士林中嘖有煩言。」並告誡：「以後勿再傲岸自大。愈謙抑，則人愈敬重；愈狂妄，則人愈輕視。」他並講了一個葛生「縱意狂談」，「高自位置」，最終招致鬼魂痛駁的故事，規勸三兒：「勿蹈葛生之覆轍。戒之，戒之！」

汝似年輕時極喜打獵。對此，紀曉嵐頗不以為然，曾三次寫信相勸相戒。第一封信中說：「新春遊戲之事亦多矣，猜燈謎，放紙鳶，皆屬有益無損之舉。偏爾不為，而喜入山林曠野張弓布網，獵取斑鳩、野兔，以供大嚼。夫生前口腹造孽，死後罰轉輪迴，投作豬、羊、雞、鴨，任人宰割烹調……至於鳩焉、兔焉，並非供人口腹之物，食之豈不罪過。若為遊玩計，則載酒聽鸝、登山觀瀑，盡足消遣；若為饞吻計，則魚肉葷腥盡可大嚼，何必爲一飯之微而殘殺禽獸之生命耶?戒之，戒之!」

第二封信中說：「爾好射獵，前已告誡，可曾遵改否?爾須知，無端殘殺生物，終必償命。」對汝似爲病後補養，「日食童雞一頭」，在第三封信中又提出了批評：「縱有補身之功，太覺造孽矣。」再次強調：「莫謂羽族無知。既能報德，必能報仇。戒之哉!勿再日殺一雞，以重口孽。」這種因果報應、陰陽輪迴的思想貫穿他的一生，《閱微草堂筆記》中的許多故事也正體現了他的這種思想。

對汝似的交友，紀曉嵐也十分關注。在《蔣東橋兵部五十序》中，他說：「余頗惡兒輩事征逐。」起初，他見汝似與兵部主事蔣東橋之子蔣詩（字秋吟）來往頻繁，甚不高興。不久見到蔣詩的《考具詩》，知此子能傳其家學，方「聽其往來勿禁。」蔣詩透過汝似求紀曉嵐爲其父蔣東橋五十大壽做序。儘管紀、蔣二人從未謀面，他還是愉快地答應了。此後，竟一發而不可收拾，由子交而父交，遂成兩代世誼，紀曉嵐頻頻爲東橋父子的詩文畫作題詠。

約在乾隆五十一至五十四年間（一七八六~一七八九），蔣詩畫了一幅《江邊垂釣圖》，紀曉嵐爲之題詩：「買得漁莊近釣磯，每逢風浪便先歸。門前萬里長江水，一任驚帆片片飛。」對青年時期的蔣詩即有此超然灑脫之情，他讚自由衷。

乾隆五十六年（一七九一）七月，他又為蔣詩的《考具詩》做跋：「辛亥七月，偶於姻家陳君聞之處見此冊，誦讀再三，喜其點化故實，筆有爐錘，而寄託又復深遠……因題數語於冊末，以質當代之稱詩者。」對蔣詩的詩才，也頗多讚譽。嘉慶元年（一七九六），蔣詩做《保陽詩》，紀曉嵐又為其題詩云：「莫訝行蹤多落落，前生似是六朝人。」「攸然長嘯人高云，天馬行空氣自豪。」賞識激礪之情盎然紙上。

約在嘉慶二年（一七九七），蔣詩的詩集《沽河雜詠》編次成書，紀曉嵐又為之做序：「余不至斯土（指天津長蘆）五十餘年矣，讀之，宛如坐漁莊、蟹舍之間，與白頭故老指點而話舊也。」又說：「讀秋吟所引，風流婉約，亦足當嘗鼎一臠。」《沽河雜詠》勾起紀曉嵐對往事的串串回憶，故而引起他與蔣詩在思想上的共振。

紀曉嵐為東橋父子題詠的最後一筆是為蔣東橋的遺照題寫的兩首五律。他在詩中回顧了兩代友誼的發端，說是「久與東坡友，原應識老泉。」將東橋父子比作蘇洵、蘇軾父子，可見對東橋父子的推崇之重。又說，今日東橋兵部已經作古，「空教圖畫裡，風度想當年。」實在令人黯然神傷。稍得慰藉的是還有東橋兵部的遺照在，「伊人如宛在，便擬一招魂。」眞是追憶之思，悠遠而綿長。

他對東橋父子的情誼，始自三子汝似；此後不斷發展，為的也是汝似。可見他對汝似的愛重之深。

紀曉嵐對汝似之妻井氏也頗爲滿意。乾隆五十五年（一七九〇），最疼愛他的四嬸去世。他「敬遣第三子汝似婦井氏以剛鬣柔毛、清酌庶饈之奠，致祭於四叔母尊靈。」並特意在祭文中交代：「子婦井氏，本叔母之外孫女，適歸寧還里，得與其母同歸舊土，謹遣代薦芳醪，略抒沈痛。」由此亦可看出他對三兒媳的信任與倚重。

長孫樹馨是次子汝傳的長子，生於乾隆三十六年（一七七一）八月一日，比他的四叔汝億還大十三歲。嘉慶元年（一七九六），由一品恩蔭，任刑部江西司員外郎；嘉慶九年（一八〇四），升任刑部陝西司郎中。這兩次擢拔，紀曉嵐都有謝恩摺子。後來，紀樹馨曾出任湖北宜昌府知府。

對長孫，紀曉嵐極爲關愛，且時時引爲驕傲。樹馨曾得一紫玉硯，他親爲長孫題寫硯銘：「端州舊硯，稀若晨星。樹馨得此，我爲之銘。摭一語於葩經，曰：『尚有典型。』」葩經乃《詩經》的別稱，「尚有典型」一語出自《詩經・大雅・蕩》。引用此語，意思是說：其孫樹馨的人品尚有古君子遺風。

在致朝鮮友人洪耳溪的信中，他又情不自禁地誇獎樹馨：「前兩接手書，俱已裝潢成軸，付小孫樹馨收貯……此孫尚能讀書，俾知兩老人如是之神交，亦將來佳話也。」

紀曉嵐晚年，編修陳梅坨以李鄴侯若干首試帖詩呈閱。他「把玩數日」，覺其「清思妙悟，取題意於芒忽之間，而傳題神於町畦之外。」遂「摘爲句」。但因年事已高，難以親自把筆作答，說是「昨蒙來問，不得已，使樹馨代寫，希爲轉呈，並代達快睹、幸睹之意。」

連答覆友人的書信，也由樹馨代爲捉刀，可見他對這位長孫的確寵愛有加。而紀樹馨也並未辜負乃祖的良苦用心。因紀曉嵐晚年將文稿和來往書信均交樹馨收藏，故在他百年之後，樹馨爲其祖編定了《紀文達公遺集》，含詩、文各十六卷，並付諸梨棗，刊行於世。此乃樹馨一大功績。

紀曉嵐對自己的兒女諄諄教誨，情深意篤，其舐犢深情，卓然可見，極爲眞摯感人，反映了他這位性情中人一貫的性格特徵。

28 在《閱微草堂筆記》中享受理想人生

乾隆統治後期，吏治腐敗，貪污盛行；國庫空虛，財政拮据；軍備廢弛，鎮壓乏力；階級矛盾激化，社會動蕩不安。這一切標誌著康熙、雍正、乾隆三帝苦心經營的強盛局面已一去不復返。但乾隆不承認他的統治出現了危機，至少表面上不承認。他甚至認爲自己留給子孫的仍是一個強盛的大清。一些理智的大臣倒沒有跟著他一起發高燒。乾隆手下的百餘名顯貴高官大多未能好好地坐下來反思一下整日活在一個燦爛的夢景之中，能夠反思並倡導改變的大臣整日只有憂心忡忡。

長期擔任首席軍機大臣的阿桂就有一種危機感。他曾就清朝所面臨的即將到來的財政危機，提出了節省開支的主張。乾隆卻要「施恩」於民，欲在他歸政之前不惜經費，「散帑項」，廣賑恤，以粉飾太平，炫耀盛世。阿桂曾就山東巡撫國泰名聲不佳，建議撤換。乾隆卻以「國泰察吏過嚴，諸事認眞」，認爲是屬員忌恨而讒。阿桂只能從命，卻不能不對日漸深重的危機憂心如焚。

嘉慶二年（一七九七），阿桂臨終時曾感歎地說：「我年八十可死，位將相思遇無比可死，子若孫皆已佐部務無所不足可死。忍死以待者，實欲俟皇上親政，犬馬之意得以上達。如是死，乃不恨然。」

可見，阿桂雖貴爲首輔，卻也難能在皇帝面前講出自己的心裡話。而且，直到臥病在床的彌留之時，他仍是積鬱滿腹，惆悵盈心，盼望著能在臨終之前見到嘉慶親政，好一吐心聲。遺憾的是，他最終也沒能如願。但已不難看出，乾隆在當時是多麼固執與自負。他對群臣的鉗制已經到了無以復加的程度。

紀曉嵐也同樣如此。這何嘗不是時代的悲劇啊！在現實世界，紀曉嵐儘管經過種種努力，追求幸福適意的人生，但與他的理想追求畢竟還有距離。在那個專制社會，他只好自己構造一個虛幻的理想世界，藉以抒發他的眞情實感，排解憂緒沈思。

他曾有詩寫道：「前因後果驗無差，瑣記搜羅鬼一車。」這是他在寫《閱微草堂筆記》後所留下的詩句。晚年之際，他確實與鬼神世界結下了不解之緣。一部《閱微草堂筆記》，記下了許多鬼怪故事，彷彿就是爲了塑造一個鬼神世界。

那麼，紀曉嵐爲何如此鍾情於這樣一個虛幻的所在呢？

先秦時代，在巫風盛行的楚國，鬼神早已成爲人們談論的對象。六朝志怪小說中，鬼神更以主人公之身出現。每逢社會激烈變革時期，大概就有鬼神之盛。與紀曉嵐同時代的人也頗喜談鬼。這或許是文網嚴密，只有談「陰間世界」才能逞文人之筆懷吧。如袁枚寫《子不語》，主要談鬼神；還有蒲松齡寫《聊齋》，更是十足的鬼世界大觀。以至於當時還有畫鬼的畫家。

紀曉嵐長期任禮部尚書，是士林之表率，按他的地位，實不應好鬼，但他一生、尤其是晚年十分好鬼。「鬼才畫家」羅聘畫鬼，受到許多人指責，紀曉嵐卻傾心與交，題詩賦詞，欣然樂從。「晚來親鬼神。」晚年的紀曉嵐越發離不開鬼。

在這個高度人格化了的鬼神世界裡，鬼與人毫無二致。鬼也經常紛亂不安，好像有什麼營求；鬼也有喜怒哀樂，大約鬼與鬼之間的競爭同人與人之間的競爭並沒有什麼兩樣。即使在地下，紛爭擾攘也沒有終了之時。

可以認爲，紀曉嵐所塑造的鬼神世界，一方面是現實人生的一種折射，另一方面也不妨是一個賦予了理想化色彩的世外桃源。在那個世界，做鬼的樂趣比做人的樂趣多。幽深險阻之境，人不能到，鬼卻可以以魂魄遊；寂寥清絕之景致，人所不能親眼目睹，鬼神得以清夜獨賞。這個理想化的夢幻境界，多少帶有一些他的嚮往之情。

從紀曉嵐對地獄的描寫中，我們完全可以看出這種理想色彩是多麼濃重：生前善於阿諛逢迎的人，到了地獄便被割去嘴巴；生前妄自尊大，目空一切的人，到了地獄便被處以屁股向上、臉部向下，兩手撐著走路；前世處事圓滑，城府太深的人，死後便被挖去五臟六腑；生前妒忌多疑，愛聽小道消息的人，在地獄中便沒有了耳朵眼……冥司的律條就是這樣鐵面無私，惡有惡報，善有善報，絲毫不會出現差錯。

這些記述除了儆戒世人之外，也同時使人們在現實生活中憤激不平的情緒得到宣洩。這便是紀曉嵐設計鬼神世界的良苦用心。

《灤陽消夏錄》第六卷，紀曉嵐就借那個自稱是東嶽冥官的顧德懋之口說：「陰曹地府中有十分嚴格的冥律，最看重的是節烈貞婦。賢臣也被分爲三等：只知道畏懼法度的人是下等人；愛好聲名氣節的人是中等人；以國計民生爲重，不計較一己之禍福毀譽的人才是上等人。地府中最討厭爲追求名利而競爭之人，認爲那是種種罪孽的根源，所以往往讓他們坎坷一生，得不償失。人心越是機詐，鬼神對他們的安排也越巧妙。」

這完全是紀曉嵐對人世間種種醜態的折射。在他的筆下，地獄諸相不僅用以維持人世間的公道，更加上了他自己對事物的感想及意見，而他的才華又足以讓他在鬼神世界裡虛實相涵，游刃有餘。

所以魯迅的《中國小說史略》如此評價《閱微草堂筆記》：「測鬼神之情狀，發人間之幽微，托狐鬼以抒己見者，雋思妙語，時足解頤，間雜考辨，亦有灼見。敘述復雍容淡雅，天趣盎然，故後來無人能奪其席。」

《灤陽續錄》卷五第十則，記述了一個欲姦污友人之愛妾反遭羞辱的故事——

某人交一狐友。一天，他對狐友說，他看上了朋友的一個愛妾，請狐友設法在夜間將他弄到這個愛妾的繡房，以便成其好事。狐友「沈思良久」，勉強答應了。一天夜裡，狐友沒等他穿好衣服，便拉著他飛了起來，飛到一間屋外，告訴他「到了」，扔下他便走了。此人暗中摸索，不聞人聲，唯覺觸手皆卷軸，乃主人之書樓也。慌亂之間，他不小心碰倒一張高几，驚動了守夜的人，便把他用繩子捆了起來。主人來到一看，原來是他，特別吃驚。此人忙說：「我得罪了狐友，他就拿我開涮。」主人笑道：「你那位狐友是想讓我狠狠揍你一頓。得，我也不打你。來人哪，給我轟出去！」

事後，他頗爲感慨地對一位密友說：「狐狸就是狐狸，終歸不是人。牠和我交往了十多年，還想出這損法兒捉弄我。」密友怒斥道：「你與那位朋友相交，已不止十多年，還想借狐友之力，淫污他的愛妾，這難道是人幹的事嗎？狐友雖然對你的無情無義很氣憤，也不過是藉機相儆罷了，還給你留了一條自我解脱之路，已經夠忠厚了。假如將你華服盛飾，扔到主人的臥榻之下，你又有何詞爲自己開脱？由此看來，牠雖是狐形，卻有人心，你雖具有人形，卻是獸心！」從此，這位密友與他絕交，狐友也不再來。

《如是我聞》卷四第五十六則載——

甲乙二人素有怨恚，乙日日夜夜想謀算甲。甲知道後，暗遣心腹混入乙家，幫助乙出謀劃策，事事成功；凡乙有所爲，甲都暗中出錢相助，每每費省而功倍。一兩年後，甲暗遣的這個心腹已充分得到乙的信任，言無不聽，計無不從。

一天，此心腹慫恿乙誣告甲，乙便拿出許多銀兩讓他去辦。此心腹用乙的銀兩多方爲甲打點，上上下下都用錢買通了，然後將僞造的甲的所謂「惡跡」和「證人」之姓名一一告訴乙，讓乙去官府告甲。待官府將眾人傳來勘問，滿不是那麼回事兒，全部「證人」也都紛紛倒戈，異口同聲地爲甲作證，乙遂一敗塗地，被官府以誣告罪判充軍發配。此時，乙雖然知道上了大當，但因爲自己所幹的全部壞事都掌握在此心腹手中，也不敢聲張，竟活活氣死了。

所以，紀曉嵐在《槐西雜誌》卷一第三十則中，借一位世家子之口說道：「自稱非狐鬼，其爲狐鬼也確矣。天下小人未有自稱小人者。豈唯不自稱，且無不痛詆小人以自明非小人者。」觀此數語，的確堪稱警世之語。

《灤陽消夏錄》卷二第三十六則裡，寫一個人爲躲避仇家，藏匿深山，夜間見鬼伏而不敢出。鬼強見之，問他爲何不出？此人戰戰兢兢地：「我怕你。」鬼笑道：「鬼有什麼可怕的，最可怕的莫過於人了。請問，嚇得你藏到深山裡的是人還是鬼？」

《閱微草堂筆記》中收了不少惡人橫行於世、好人備受欺凌的故事。《槐西雜誌》卷一第四十二則，就寫了這樣一個心黑手辣的人——

有個人想謀害異黨，苦無善計。有人向他呈獻毒藥，說：「此藥入腹即死，與病死沒什麼差別；即使蒸骨檢驗，也同病死一樣。」此人大喜，就留獻毒者飲酒，暗將毒藥放入對方所飲的酒中，殺人滅口。

《灤陽消夏錄》卷一第七則載——

滄州城南上河涯村有個無賴呂四，兇橫無所不爲，人畏如狼虎。一天傍晚，他與衆惡少在村外納涼。忽然雷聲隱隱，風雨將至。遠遠地見一少婦避入河邊破廟，便夥同衆人前往，欲行淫亂之事。此時已入夜，陰雲黯黑。呂等突然闖入廟中，捂住少婦的嘴，就扒少婦的衣服，肆意猥褻。

正巧一道雷電閃過，朦朧中呂四見此少婦像是自己的妻子，忙撒手相問，果然不錯。氣急敗壞之下，呂四提起妻子就要往河裡扔。其妻邊哭邊喊：「你要姦淫別人的妻子，致使別人姦淫了我，天理昭昭，你卻想殺我！」

呂四無話可答，忙去尋找妻子的衣褲，不料已被風吹落河中。無奈，只好背起一絲不掛的妻子回村。此時已雲散月明，村人見了，一片譁然，故意上前相問。呂四無可答對，竟投河自盡。這也算是惡有惡報吧！

紀曉嵐在《閱微草堂筆記》中大談狐鬼，於是有人便指責他宣揚封建迷信。這實在是冤枉了他。他在《筆記》中以談狐鬼爲由，實則寓以勸善懲惡的深意。要言之，他對鬼神始終持有信有疑的態度。

《如是我聞》卷一第七則，他毫不含糊地對鬼神的有無提出了質疑：「人死者，魂隸冥籍矣。然地球圓九萬里，徑三萬里，國土不可以數計，其人當百倍中土，鬼亦當百倍中土。何遊冥司者，所見皆中土之鬼，無一徼外之鬼耶？其在在各有閻羅王耶？」

在《閱微草堂筆記》中，紀曉嵐批駁封建迷信的筆觸比比皆是。《如是我聞》卷一第四十一則，他據理駁斥了看風水點墓地的無比荒謬：「俗傳鵲蛇鬥處爲吉壤，就鬥處點穴，當大富貴。」接著引述自己親歷的事實，戳穿了此論的荒誕不經：「余十一、二歲，淮鎮孔氏田嘗有是事，舅氏安公實齋親見之。孔用以爲墳，亦無他驗。」繼而對鵲蛇爭鬥做了頗有見地的科學分析：「余謂鵲以蟲蟻爲食，或見小蛇啄取，蛇蜿蜒拒爭，有似乎鬥。此亦物態之常。」

此猶未已，他進而又分析了事情的偶合和人們的心態：「必當日間有地師爲人卜葬，指鵲蛇鬥處是穴，如陶侃葬母，仙人指牛眠處是穴耳。後人見其有驗，遂傳聞失實。」最後，他又反詰一句：「然則因陶侃事，謂凡牛眠處必吉乎？」言外之意，天下之牛何其多，牛眠之處又何其多，哪會有那麼多吉地！

在《閱微草堂筆記》裡，紀曉嵐還無情地揭破了搞迷信活動者的一些鬼把戲。《槐西雜誌》卷一第三十三則便記載了這樣一個扶乩者——

有個僕人的妻子竊資潛逃。這個僕人問是否還能追回來。扶乩者曰：「你前生曾以財誘人，買其妻；又引誘對方賭博，取其財。今生此人拐走你的妻子，是對你前生買其妻的報應；讓你妻子攜資潛逃，是對你前生騙取他錢財的報應。此事冥數已定，你必然落個人財兩空，追是追不回來了，不如乾脆罷手。」

有人懷疑：「此扶乩人多從狡獪惡少遊，安知不有人匿僕妻而教之做此語？」

於是，他們暗中使人偵察此扶乩人的行蹤。傍晚，果然發現他們進了一條曲折的小胡同。大家便趴在屋脊上暗中觀察，看到扶乩者一幫人正在賭博，那位僕人的妻子打扮得挺漂亮，忙著向這幫人勸酒。有人悄悄地將巡邏的士卒喊來，包圍了這所宅院，扶乩人一夥只得俯首就擒。

第4章

活出自己的特色

紀曉嵐才華橫溢，但歷史上很多才華橫溢的人並沒有青史留名。一個人若想立身成名，首先需身具才氣。但這只是必要條件。

性格與聰明是發揮人之天賦資源的兩個依托。凡欲使其天賦得到自然發揮者，須使其才華依托其性格與聰明二者。若只依靠其中一個，則只能獲得一半的成功，甚至不能成功。光靠聰明，成不了大事，還得有一個適合你的聰明之性格才成。

紀曉嵐一生並無顯赫之事功，也沒有提出什麼切實解決國計民生的經世方案。那他何以立身於世，步步高升？因為他把過人的才氣、智慧與詼諧、滑稽、風趣的性格很適切地結合起來。

29 學術為本，才氣立身

從乾隆二十年至四十五年的二十六年間，紀曉嵐除卻總纂《四庫全書》並撰寫《四庫全書總目》和《四庫全書簡明目錄》，還領纂了多部巨帙，又至少點勘了近二十部文史名著，從而在歷史上樹立起一位博洽多聞的學者形象。他還長於目錄學的編撰，也是小說家、文論家、史評家、詩人和思想家。至於其官職，人們倒不甚瞭解了。

乾隆二十年（一七五五），紀曉嵐三十二歲，正在翰林院充庶吉士。庶吉士的任務就是在翰林院聽小教習講課，三年後經考試合格，即可擢升。在此期間，他編次《主客圖》。《主客圖》乃唐代詩人張爲所撰。張爲，生卒年不詳，江南人，《唐才子傳》作閩中（今福建福州）人，撰《詩人主客圖》，開唐人詩派之說。紀曉嵐於中、晚唐詩歌流派的劃分和對詩人的評價，與實際情況及一般見解頗有不同。

《主客圖》編次後，紀曉嵐自爲序，但未標年代。此序約做於乾隆二十四年。序中說：「張爲《主客圖》一卷，世無刊本，殆佚久矣。其文時散見《唐詩紀事》中。長夏養，即原序所列八十四人，一一鉤稽排纂之，可以考者猶七十有二，張氏之書，幾還舊觀矣。」至乾隆二十七年十月他出任福建學政後，將《重訂張爲〈主客圖〉》、《沈氏四聲考》、《點論〈陳後山詩集〉》、《點論〈李義山詩集〉》、《刪正二馮評閱〈才調集〉》、《刪正方虛谷〈瀛奎律髓〉》、《唐人試律說》、《審定史雪汀〈風雅遺音〉》、《庚辰集》、《館課存稿》等十種編在一起，名之爲《鏡煙堂十種》。

鏡煙堂，即紀曉嵐在福建學政衙署中的書齋名。

據傳，張爲的《主客圖》重新經紀曉嵐編定後，友朋傳閱，甚爲讚賞。當時，紀曉嵐住在虎坊橋孤獨寺旁。與他僅一牆之隔的內閣學士，著名史學家、經學家王鳴盛題詩相贈，給予高度評價。

乾隆二十四年夏，因清代科舉考試將增試律詩，此時官居功臣館總纂的紀曉嵐便爲外甥馬葆善，門生李清彥、侯希班、郭墉等講解唐人所做的試律詩。後來，馬葆善將他所講的內容繕勒成卷，六月脫稿，七月做序，未及校正，便以之付梓，坊間率而印行。

次年，紀曉嵐發現坊本誤舛頗多，重爲點勘增補，並自爲序：「是書也，體例略仿《瀛奎律髓》。爲詩不及七、八十首，采諸說不過三兩家，藉以論詩，不求備也。詩無倫次，隨說隨錄，不更編也。其詞質而不文，煩而不殺，取示初學，非著書也。持頗刻核，欲初學知所別擇，非與古人爲難也。」

乾隆二十五年（一七六〇），三十七歲的紀曉嵐在國史館總纂官任上，公餘多暇，他點閱了韓偓的《香奩集》。

韓偓（八四四~約九一四年以後），字致堯，小字冬郎，自號玉山樵人，京兆萬年（今陝西西安）人。歷任翰林學士、中書舍人，進兵部侍郎、翰林承旨。唐末詩人。其詩多寫豔情，詞藻華麗，有香奩體之稱。

宋代沈括在《夢溪筆談》中稱：「和魯公凝有豔詞一編，名《香奩集》。凝後貴，乃嫁其名為偓。今世傳韓偓《香奩集》，乃凝所為也，」對於五代人和凝做《香奩集》而讓名於韓偓的說法，後人早已辨其非。但稱專以婦人身邊瑣事為題材的詩為「香奩體」的說法已流傳至今。

紀曉嵐在《書韓致堯〈香奩集〉後》中說：「《香奩》一集，詞皆淫豔，可謂百勸而並無一諷矣。然而至今不廢，比以五柳之矣。然但有悱惻眷戀之語，而無一決絕怨懟之言，是亦可以觀心術焉。」認為《香奩集》雖「詞皆淫豔」，卻遠比蕭統開明。

昭明太子蕭統在編定《陶淵明集》時，曾在序中說：「白璧微瑕者，惟在《閑情》一賦……惜哉，無是可也。」

這種偏頗的觀點，魯迅是不同意的。他說，陶淵明並非像人們所說，總是「采菊東籬下，悠然見南山」，一味地飄飄然，他也有「精衛銜微木，將以塡滄海」，「願在絲而爲履，附素足以周旋」的纏綿浪漫。這些話與紀曉嵐的觀點頗有相通之處。

乾隆二十七年（一七六二），紀曉嵐刪正了由二馮評點的《才調集》。《才調集》由五代後蜀的韋縠編選，共十卷，每卷錄詩一百首，包括唐代各時期，但不按時代先後編排。其選詩宗旨崇尚晚唐的溫庭筠和李商隱等人，題材偏重於別情閨怨，風格尙濃豔。清初有馮舒、馮班評點的十卷本。《才調集》以「西昆體」爲正宗，其詩論則力主「以溫、李爲宗而溯其源於騷、先、漢魏六朝。」

平心而論，二馮將《才調集》引爲「西昆體」正宗，實是出於門戶之見。紀曉嵐便評道：「二馮《才調集》，海內風行。雖自偏鋒，要亦精詣，其苦心不可沒也。第主張太過，欲舉一切而爲之，是共病耳。」他在《四庫全書總目・〈才調集〉提要》中說：「韋縠生於五代文敝之際，故所選取法晚唐，以豁麗宏敞爲宗，救粗疏淺弱之習，未爲無見。以馮舒、馮班意欲排斥宋詩，遂引其書於昆體，推爲正宗。不知李商隱等，《唐書》但有三十六體之目，所謂『西昆體』者，實始於宋之楊億等，唐人無此名也。」這種以史實做論據的駁辨，當然很有說服力。

這一年，他還點論了唐代詩人李商隱的《玉器生詩說》。

李商隱（八一三～八五八年），字義山，號玉器生，懷州河內（今河南沁陽縣）人。他是晚唐傑出的詩人，與杜牧、溫庭筠齊名，時稱「溫李」或「李杜」。有《玉器生詩》三卷、賦一卷、文一卷，《南四六》甲、乙集各二十卷傳世。

紀曉嵐頗爲欣賞李商隱的獻計獻策風，稱其「以情韻勝人」，「宛轉有致」，「比興纏綿」，「性情沈摯」。他在《四庫全書總目・〈李義山詩集〉提要》中說：「自釋道原以後，注其詩者凡數家，大抵刻意推求，務求深解，以爲一字一句皆屬寓言。而《無題》諸篇，穿鑿尤甚。考商隱《府罷》詩中有『楚雨含情皆有托』句，則借夫婦以喻君臣，固嘗自道。然《無題》之中確有寄托者，『來是空言去絕蹤』之類是也；有戲爲豔體者，『近知名阿侯』之類是也；有實屬狎邪者，『昨夜星辰昨夜風』之類是也；有失去本題者，『萬里風流一葉舟』之類是也；有與《無題》相連，誤合爲一者，『幽人不見賞』之類是也。其摘首二字爲題，如《碧城》、《錦瑟》諸篇，亦同此例。一概以『美人香草』解之，殊乖本旨。」

以往的評家均將李商隱與溫庭筠視爲同一流派的詩人，並稱「溫李」。紀曉嵐不同意這種意見。他在《四庫全書總目・〈李義山詩集〉提要》中評道：「商隱詩與庭筠詩齊名，詩皆縟麗。然庭筠多綺羅脂粉之詞，而商隱感時傷事，尚頗得風人之旨。」

李商隱的詩風對後世影響很大。宋代的楊億、劉筠、錢惟等詩人刻意模仿他的詩風，並將相互間唱和的詩編成《西昆酬唱集》，於是便有「西昆體」一派產生，亦稱「昆體」。他的詩固然文采華美，間律和諧宛轉，但流於纖穠。紀曉嵐評其詩，屢用「晚唐纖體」、「纖語」、「纖佻之極」、「情致有餘，格律不足」等詞語。《四庫全書總目・〈二馮評點才調集〉提要》中說：「學江西者，其弊易流於粗獷；學昆體者，其弊亦易流於纖穠。除一弊而生一弊，楚固失之，齊亦未必得也。」

同年，他又點論了黃庭堅的詩集。

黃庭堅（一〇四五～一一〇五），字魯直，號山谷道人，又號涪翁、黔江居士，分寧（今江西修水縣）人。宋英宗治平四年（一〇六七）登進士第，除葉縣（今屬河南）尉。神宗熙寧五年（一〇七二）除北京（今河北大名）國子監教授。以詩爲蘇軾所稱賞，與秦觀、張耒、晁補之同爲「蘇門四學士」。黃庭堅是江西詩派的創始人之一，與陳師道、陳與義並稱「三宗」。生前與蘇軾齊名，在宋代詩壇，地位頗重。他平生標榜學杜（甫）、學韓（愈），強調「無一字無來處」，講究「點鐵成金」。他的詩生硬晦澀，語言不夠透明，甚至費解。做文方面，他主張「文乃道之器」、「理得而辭順」，反對「好做奇語」，故而其文流暢圓轉，形成了與其詩風完全不同的風貌。此外，他的書法也很出色，名列北宋四大書家之一。

紀曉嵐在《書（黃山谷集）後》中評其五言古體「大抵離奇孤矯，骨瘦而韻逸，格高而力壯。」評其五言古律「皆多不成語」；評其五言絕句「大抵皆粗莽不成詩」；評其七言絕句「佳者往往斷絕孤回，骨韻天拔，如側徑峭崖，風泉泠泠。然粗莽支離，十居七八，又作平調，率無味。」然而，黃庭堅畢竟是江西詩派的領軍人物，他的詩風格瘦硬，以俗爲雅，對當時的詩壇影響極大。後來，方回編撰《瀛奎律髓》，倡「一祖三宗」之說，更使江西詩派頗具陣容。

黃庭堅詩風的主向是爲禪學說教，且又典故連篇，故而形象枯萎，意境單調。所以，清初的馮舒、馮班起而「右西昆而辟江西」。馮班譏方回的《瀛奎律髓》：「方君所娓娓者，止在江西一派，觀其議論，全是執己見以強縛古人。」他又在《同人擬西昆體詩序》中稱：「自江西派盛，斯文之廢久矣。至於今日，耳食之徒羞言昆體。」爲排斥江西詩派，二馮將《才調集》引爲西昆體正宗，極力推崇。被西昆體詩人奉爲圭臬的李商隱詩卻寄託深遠，情意纏綿，詞藻華麗，音調和諧，頗得紀曉嵐讚賞。

與二馮針鋒相對，江西詩派搜刻《宋詩鈔》一百零六卷，惟獨不收《西昆酬唱集》中的任何一首。於是紀曉嵐將此「斷爲門戶之爭。」

他本人以超越門戶之見的博大胸懷去評析江西詩派和西昆體各自的得失。而且，他用歷史發展的眼光看待各種詩派的衍變與交替，提出了「極而將返」的命題。他說，宋初西昆體以講典麗矯正晚唐詩風的猥瑣之弊。「西昆過於雕琢」，歐陽修、梅堯臣以樸雅矯之。「元佑（宋哲宗年號）傷於平易」，蘇軾、黃庭堅變而爲姿逸。「南渡以後，江西宗派盛極而衰」，於是，「窮極而變，乃復其始。」元初楊載詩作，又開始「風規雅贍，雍雍有元佑之遺音」。

乾隆三十二年（一七六七）正月，紀曉嵐爲父守孝期滿，重新補授翰林院侍讀，充日講起居注官，擢左春坊左庶子，又任三通館提調兼纂修。公務之餘，他爲兒輩講述唐代劉知幾撰，清代浦起龍注的《史通》，用朱、綠、紫三色筆正論刪削，終成《史通削繁》一書。

《史通》是我國第一部系統的史學理論專著，對後世史學批評、史學史和史書編纂等學科的建立影響很大。時人徐堅稱：「爲史氏者，宜置此於座右也。」宋人黃庭堅認爲《史通》「譏彈古人，大中文弊，不可不知也。」全書二十卷，成於中宗景龍四年（七一〇年），分內、外篇：內篇十卷，三十六篇（原三十九篇，《體統》、《紕繆》、《弛張》三篇在北宋時亡佚）；外篇十卷，十三篇。內篇論史家體例，外篇述史籍源流和古人修史得失。全書本著「實錄」和「直書」的精神，對以前的史書，包括被奉爲經典的古代史書，從內容到編纂方法，做了全面系統的指評總結。歸納古史爲《尚書》、《春秋》、《左傳》、《國語》、《史記》、《漢書》六家，統歸爲紀傳、編年二體；將史學輔助科學細分爲編記、小錄、逸事、瑣言、郡書、家史、別傳、雜記、地理書、都邑簿十流。

《史通》一書因筆鋒犀利，觀點有悖於封建傳統，頗受後世統治者和御用文人的非難。自元至明中葉，世人知之者甚少。連《永樂大典》也未將其收入。明以後，版本漸多，注家也相繼而起。明神宗萬曆（一五七三～一六一九）以後，有李維楨和郭孔延的《史通評釋》、王惟儉的《史通訓故》；清代有黃叔琳的《史通解釋》一書，注釋頗爲詳實，是很好的注本。

浦起龍（一六七九～？），字二田，江蘇無錫人。曾任蘇州府學教授。除《史通通釋》，還著有《讀杜心解》等書。劉知幾（六六一～七二一），字子玄，鼓城（今江蘇徐州市）人。高宗永隆二年（六八一）進士。武后時歷任左史等職，兼修國史。玄宗時，官至左散騎常侍。後被貶爲安州都護府（管轄今湖北安陸等縣）別駕，不久去世。年輕時便以文詞知名，善於辯論，又好言時政得失，詞旨直切。他執掌史職近三十年，專攻史學，善於分析名史的利弊得失。又因屢次參與修史工作，對某些流弊看得很清楚，提出了「史才三長」（指才、學、識）的著名理論，對後世影響很大。除《史通》這部著名的史學理論專著，他還參與編纂了《文館詞林》、《姓族系錄》等著作。

紀曉嵐之所以要刪削浦氏注的《史通》，不僅僅是為了教授兒輩，更是為了實踐他一貫的論史「要當以人重，不當僅求之詞藻間」的史學觀。他的論史方法主張博採史料，善採史料，慎採史料。正是在這種思想指導下，他才完成了《史通削繁》一書的刪正編撰。他在《〈史通削繁〉序》中說：「劉子元（原為子玄。紀曉嵐為避康熙帝愛新覺羅・玄燁名諱，以元代玄）激於時論，發憤著書，於是乎《史通》作焉……劉氏之書，誠載筆之圭臬也。顧其自信太勇，而其立言又好盡，故其抉摘精當之處，足使龍門失步、蘭台變色；而偏駁太甚，支蔓弗剪者，變往往有之，使後人病其蕪雜，罕能卒業，並其微言精義亦不甚傳，則不善用長之過也。注其書者僅數家，互有短長，浦氏本最為後出，雖輕改舊文是其所短，而詮釋較為明備。偶以暇日即其本細加評閱，以授兒輩。所取者記以朱筆，其紕繆者以綠筆點之，其冗漫者又別以紫筆點之。除三色筆所點外，排比其文，尚皆相屬，因抄為一帙，命曰《史通削繁》。」在《四庫全書總目・〈史通通釋〉提要》中，他又認為浦氏注本改正了郭、王、黃諸注本的訛舛，而浦本也有因臆改以致誤之處，故不惜精力筆墨，對浦注本做了細緻入微的刪正。

清人黃蘭修為黃注紀評本做跋，曾說：「昔黃魯直謂：『論文則《文心雕龍》，論史則《史通》，學者不可不讀。』余謂文達（紀曉嵐卒後謚文達）之論二書，尤不可不讀。」可見當時學者對《史通削繁》一書的重視。

乾隆三十六年八月初六，紀曉嵐多次評閱《文心雕龍》告竣，書年月日於該書第十卷末尾。

《文心雕龍》成書於南朝齊末，是我國現存最早的系統闡述文學理論的專著。全書分上下兩編，各五卷，二十五篇。上編前五篇《原道》等屬導論性質，闡述其基本文學思想。第六至第二十五篇分述各種文體的特徵與源流演變，可說是後世分本文學史之鼻祖。下編二十五篇，末篇《序志》是全書的序言，其餘各篇探討文學創作與指評的原則、方法，文學與時代的關係，以及文學鑒賞等問題。全書主導思想屬儒家。其文學思想主要抨擊「為文而造情」這種片面追求形式的文風，主張「為情而造文」；但對形式的積極作用也很重視，並具體地探討構思、修辭等方面的問題，認為文學的發展變化受社會現實的影響和制約。其文學思想，不僅對中國文學理論的建設產生深遠的影響，且引起國外許多學者的重視。

《文心雕龍》的作者劉勰（約四六五～約五三二），字彥和，原籍莒縣（今屬山東），世居京口（今江蘇鎮江）。早年篤志好學。因家貧未娶，依靠和尚僧佑的接濟爲生。梁武帝時，他曾任奉朝請、東宮通事舍人等職，深得昭明太子蕭統重視。晚年出家爲僧，法名慧地。早在南齊末年，他便完成了《文心雕龍》這部古代文學理論的批評巨著。

過去，人們一直認爲《文心雕龍》成書於南朝梁代。紀曉嵐指出：「據《時序》篇，此書實成於齊代，今題曰梁，蓋後人所追題，猶《玉台新詠》成於梁而今本題陳徐陵耳。」這是《文心雕龍》研究史中最早提出此書「成於齊末」之說。他在《四庫全書總目·〈文心雕龍〉提要》中亦做如是說。在《文心雕龍·原道》的眉批上，他又論說：「自漢以來，論文者罕能及此。彥和以此發端，足見在六朝士之上。」對劉勰在文學理論上的歷史性貢獻，給予高度的評價。他評定的是清人黃叔琳輯注的《文心雕龍》本。後人將黃注與紀評合刊，即《文心雕龍》研究者所熟知的《文心雕龍》黃注紀評合刊本。

紀曉嵐之所以評閱《文心雕龍》，是因爲他的文學批評觀在許多方面與劉勰相通相近。劉勰在《知音》篇中認爲：「綴文者動而辭發，觀文者披文以人情。」紀曉嵐則認爲：「文章一道，關乎學術、情性。詩品、文品之高下，往往多隨共人品。」這裡，他不僅肯定了劉勰提出的命題，而且發展、豐富了這個命題：文章關乎性情，文章關乎人品，文章關乎學術。然而，他們之間也有意見相左的時候。依然是人品、文品這個問題，劉勰爲論證「各師成心，其異如面」，舉了大量文學史上的實例，因而斷言：「觸類以推，表裡必符。」紀曉嵐卻不同意他這種絕對化的說法。在紀評《文心雕龍》中，他寫道：「約略大概言之，不必皆確。百世以下，何由得其性？人與文絕不類者，況又不不知其幾耶！」他在《四庫全書總目》的許多詩文評裡，便屢屢揭示出文學創作活動中「人與文絕不類」的種種情形。劉勰主張用比較的觀點去評論作家和作品。

對此，紀曉嵐極爲認同。他在《四庫全書總目》中對宋人邵寶編纂的《蘇門酬唱集》評論說：「比而觀之，可以知其才力之強弱與意旨之異同。較之散見諸集，易於互勘，談藝者亦深有裨也。」正因他對《文心雕龍》中寫下了大量精闢博深的評語，所以在清代便有黃蘭修等人斷言，《紀評〈文心雕龍〉》「尤不可不讀。」

乾隆三十六年，紀曉嵐點勘了《王子安集》。

王子安即王勃。王勃（六四九～六七六年），字子安，絳州龍門（今山西河津縣）人。隋末著名學者「文中子」王通之侄。唐高宗乾封元年（六六六），舉幽素科及第，授朝散郎。沛王李賢（即注《後漢書》的章懷太子）慕其名，召爲王府修撰。當時京城長安風行鬥雞，諸王子也樂此不疲，王勃戲作《檄英王雞文》。高宗知道後，認爲這是在誘使諸王子爭鬥，將他趕出了沛王府。他在四川漫遊了一段時間後，被補爲虢州（今河南靈寶縣）參軍。因恃才傲物，同事們都嫉恨他。官奴曹達犯了死罪，藏在王勃的住所。他怕走露風聲，便殺曹達滅口。事發後，本應處死，後遇赦革職。其父王峙也被連坐，由雍州（今陝西西安市方圓：東至渭南縣，西至乾縣，南至秦嶺，北至銅川市）司功參軍貶爲交趾（今越南河內市西北）縣令。高宗上元二年，王勃去交趾探父，渡南海，墜水溺死。王勃六歲時便善寫文章。與楊炯、盧照鄰、駱賓王齊名，並稱「初唐四傑」。他們雖仍承六朝餘習，卻又積極倡導剛健雄邁的文風。

王勃在文學上的成就尤爲突出，特別長於記、序、碑銘體的寫作。他的《滕王閣序》是歷代傳誦的名篇。原有集二十卷，已散佚。今傳《王子安集》十六卷，是明末張燮依據《文苑英華》諸書採輯而成。清代蔣清翊有《王勃全集箋注》，見《全唐文》第一百七十七至一百八十五卷。

紀曉嵐點勘的《王子安集》即明末張燮採輯而成的十六卷本。他在《四庫全書總目·〈王子安集〉提要》中說：「勃文爲『四傑』之冠，儒者頗病其浮豔。」並解釋道：「『身名俱滅』以責輕薄子，『江河萬古』指『四子』也。」他又在此《提要》中引唐代一行僧、段成式、韓愈和宋代洪邁等人推贊王勃的文字作爲論據，並進而說：「韓之所以推勃亦爲不淺矣。夫一行、段成式博洽冠絕古今，二甫、韓愈詩文亦冠絕古今，而其推勃如是。枵腹百戰之徒，掇拾語錄之糟粕，乃沾沾焉而動其喙，殆所謂蚍蜉撼樹者歟？今錄勃集，並錄成式及邁之所記，庶耳食者無輕詆焉。」從這段文字中，不難看出紀曉嵐對王勃的詩文也是極爲推崇的。

乾隆三十六年，紀曉嵐點勘了《韓致堯集》。他在《四庫全書總目・〈韓內翰別集〉提要》中對韓偓的評價極高：「偓爲學士時，內預祕謀，外爭國是，屢觸逆臣之鋒。死生患難，百折不渝。晚節亦管、寧之流亞，實爲唐末完人。」他所點勘的即《韓內翰別集》。他對唐以後一些評家責難韓偓詩風的香豔很不以爲然。在《〈韓內翰別集〉提要》中，他爲此大鳴不平：「其詩雖局於風氣，渾厚不及前人，而忠憤之氣時時溢於語外。性情既摯，風骨自遒，慷慨激昂，迥異當時靡靡之響。其在晚唐，亦可謂文筆之鳴鳳矣。變風變雅，聖人不爲，又何必定以一格繩之乎？」

紀曉嵐一生評論的書籍，遠遠不僅這些。這些評論皆屬當時學術前沿的焦點，奠定了他在中國文化史上的大家地位，是紀曉嵐之所以成爲紀曉嵐的根本原因。

30 隱藏自己的處世智慧

勢不能爲則不爲。勢不能爲卻偏偏勉強爲之，必然難獲成功，甚或因此須忍受失敗和屈辱。因此紀曉嵐說：「連環可解，我不敢；知不可解者，以不解解之。」這是他的人生智慧。做人的智慧要隱藏起來，不可向人賣弄。賣弄處世之智慧會引人反感。

紀曉嵐的朋友何子山向他講了這樣一個故事——

雍正初年，有一道士善於用符降妖。他曾經到西山極深密處，愛其林泉，打算結庵習靜。當地人勸告他：「這裡是鬼魅之巢窟，伐木採薪者非結隊不敢入，甚至連狼虎都不能居，先生應慎重考慮。」然而道士仗著自己有道術，並未在意。

不久，鬼魅並作，或盜竊其蓋屋所用木材，或迷惑其工匠，或毀其器物，或弄髒他的飲食。道士行走在荊棘中，總是步步掛礙。遇野火四起，風捲樹葉，千手千目，應接不暇。道士非常生氣，便利用道術結壇召雷將，欲對鬼魅進行討伐。然而神降則妖已先遁，大索空山無所得。可當諸神離去，則鬼魅數日又集。如是者數回，諸神厭惡道士虛報敵情，再招時便不復應。道士無奈，一手結印，一手持劍，獨與鬼魅相戰，竟爲鬼魅所敗，被拔鬚敗面，裸而倒懸，遇樵者始得解，狼狽逃去。

紀曉嵐因此感歎說：「道士不過是仗其道術罷了。然而勢之所在，即使是聖人也不能逆；黨群之已成，即使是至尊的帝王也不能破。事久則難變，人爲則不勝誅啊！所以唐代想除去牛、李之傾軋，甚至難於河北之藩鎮。道士不明白眾寡形勢，客主之局，不量力而嬰其鋒，取敗也是理所當然的。」

另有一則故事——

浙江有一僧，立志精進，誓願艱苦，甚至從未有躺在床上休息的時候。一天夜裡，看到一美豔女子從窗户外偷看，知道是心魔來了，立即禪定，如同未見。女子蠱惑萬狀，終不能近禪榻。如此連續數夜，亦終不能使該僧起一念。

女子黔驢技窮，便遠遠地對他說：「師傅有此等定力，我當然應該斷絕妄想。雖然，師傅爲作天中人，知近我必壞道，因此怕我如同虎狼。可即使努力到得非非想天，也不過柔肌著體，如抱冰雪，媚姿到眼，如見塵埃，仍是不能遠離色相啊。如果心到四禪天，則花自照鏡子，而鏡子可以不知花，月自映水，而水不知有月，這才是遠離了色相。如果能達到諸菩薩天境界，則花亦無花，鏡亦無鏡，月亦無月，水亦無水，乃無色無相，無離不離，可以爲自在神通了。師傅如果敢讓我接近一步，仍是一塵不染，則我也皈依佛門，再不敢相擾於你。」

此僧自認爲道力足以勝魔，欣然同意。結果經不起女子的千般嬌媚，萬種風情，敗在她的石榴裙下，與她媾合了一夜，毀了戒體。事後懊悔失志，還俗了事。

紀曉嵐就此評價說：「磨而不磷，涅而不緇」，只有聖人才能做到，大賢以下的人是做不到的。此僧中人激將法，遂開門揖盜。天下自恃可爲，遂爲人所不敢爲，終至潰敗決裂，此僧不就是一個例子嗎。

他所持的仍然是中庸之道。中庸，即可物我兩忘。中庸，即不偏不倚。中庸者，決不偏執，不執著。

紀曉嵐深諳中庸之道，從他對待收藏品的態度上就可感覺到。他擁有過不少古玩。然而，他不是佔有狂，也不是守物奴。他是開明的收藏家，認爲世間萬物有聚有散，並無固定不變的主人。即使終身廝守，百年之後，又不知爲誰人所佔有，於你只不過電光一瞥，雁過長空，虛幻一場，不如「且隨現在緣，領此當前趣」，想銘刻就銘刻，願把玩便把玩，打算送人就毫不後悔，讓其爲我所用，爲我所樂。

《閱微草堂筆記．槐西雜誌》卷一第二十三則，講述了一位收藏家的故事。

高風翰，字西園，山東膠州人。曾得漢朝司馬相如一玉印，「古澤斑駁，篆法精妙……恒佩之不去身，非至親昵者不得一見」，祕爲至寶。他任江淮鹽場官員時，德州盧見曾任兩淮鹽運使，聽說他有此印，會見之際，想要一睹爲快。高風翰「離席半跪，正色啓曰：『風翰一生結客，所有皆可與朋友共。其不可共者惟二物：此印及山妻也！』」盧見曾聞聽大笑：「誰奪爾物者，何癡乃爾耶？」看來，清末著名藏書家葉德輝「老婆不借書不借」的堂匾並非獨創，多半出於此處。

紀曉嵐認爲：「有形自古無不盡，惟有文章之壽不隨萬物歸其根。」「惟其書之傳，乃傳其觀。」所以對器物的得失更加坦然。他「於器玩不甚留心」，曾經獲得的古物精品，隨手而贈，不知凡幾。比如朝鮮使臣鄭思賢贈給紀曉嵐兩盒圍棋棋子，天然圓潤，不似人工。其黑者乃海灘碎石，年久天長，爲潮水沖激而成；白者爲小貝殼，也是海水所磨瑩，已很難得。再逐個檢視，發現它們每一個厚薄均匀，輪廓周正，色澤如一，只有日積月累，比較抽換，才能集得如此之多，非一朝一夕之功也。紀曉嵐把它置之書齋，頗爲雅玩。就是這樣一件寶物，後來他卻送給了戶部尚書范宜恒。

他有一同年好友王昶，任陝西按察使時，曾寄給他數片漢代未央宮的舊瓦。經行家鑒定，其中一片乃是兩千年前的古物珍品。不久，這片漢瓦被嗜古成癖的學生伊秉綬要去，「束以銅而琢爲硯」，他還欣然爲之題刻了硯銘。晉代著名書法家王羲之的小楷法帖《黃庭經》，歷來被書法愛好者所珍視。紀曉嵐就曾擁有過一冊宋拓本，上面還有明代著名書畫家董其昌的題跋，最後被宗室瑤華道人索去。長子紀汝佶曾將朱子穎送給他的一方明代詩人王寅的天然大理石鎮紙轉贈給他，他卻連送給誰都忘了。

「文士例有好奇癖，心知其妄姑自欺。」宋代呂蒙正爲相，有人以古鏡獻者，云：「能照二百里。」呂說：「吾面不過碟子大，安用照二百里爲？」又有以硯求售者，云：「一呵即潤，無煩注水也。」呂說：「就使一日能呵一擔水，亦止直十文錢而已。」紀曉嵐也是呂蒙正般不羨奇、不自欺的收藏者，他收藏器物很富理性，而非一味搜古獵奇，沽名釣譽。他在考慮是否具有收藏價值的同時，還特別注重器物的實用性。他對「得一宋硯，雖滑不受墨，亦寶若球圖；得一漢印，雖謬不成文，亦珍逾珠璧」的鑒賞家嗤之以鼻，大不以爲然。

《如是我聞》卷二第五十三則記有一事——有人拿來後周世宗柴榮時燒製的柴窯碎磁片，向紀曉嵐兜售，要價數百金，自稱把它鑲嵌在甲胄之上，臨陣打仗時可以躲避槍炮。紀曉嵐說：「何不用繩子懸起這塊磁片兒，拿槍擊之。如果不碎，要價數百也不算多；如果碎了，則根本不能避槍彈，那就不應該要這麼高的價了。」賣者不肯，說：「您於鑒賞並非當行，太煞風景。」揣上磁片，匆匆走了。後來聽說，一個富貴之家花百兩金子買了下來。

紀曉嵐所煞的風景還不止這一端。有一次，鄰居老翁困於饑寒，把珍藏多年的一方銅雀瓦硯硬賣給了他。硯背凸現漢獻帝的年號「建安」字樣，硯額上刻著蘇軾、黃庭堅等人的銘詞。「平生雅不信古物」的紀曉嵐始終認爲「瓦能宜墨，即中硯材。何必漢未央宮魏銅雀台？」所以他每次打開硯匣，都要皺上一陣眉頭。偶然一次磨墨潤筆，這塊瓦硯居然非常好用，他頓生憐惜：「惜其本質原不惡，俗工強使生瘡痍。」別人視爲至寶的建安字樣、蘇黃銘詞，在他看來，卻成了硯身上的贅疣和瘡疤。他忙叫書童搬來磨刀石，親手將硯上多餘的文字盡數磨掉，直磨出原來的眞面目，這才覺得心舒神暢，分外高興！朋友們見了，又驚又笑，說他此舉簡直就像把原來罕見的方竹給削圓了一般，大煞風景。他一笑置之。

《閱微草堂筆記・如是我聞》卷一第二十五則載曰：「余嘗與董曲江言：『大地山河，佛氏尚以爲泡影，區區者復何足云。我百年後，倘圖書器玩散落人間，使賞鑒家指點摩挲曰：此紀曉嵐故物。是亦佳話，何所恨哉！』曲江曰：『君作是言，名心尚在。

余則謂消閒遣日，不能不藉此自娛。至我已弗存，其他何有？任其飽蟲鼠，委泥沙耳。故我書無印記，硯無銘識，正如好花朗月，勝水名山，偶與我逢，便爲我有。迨雲煙過眼，不復問爲誰家物矣。何能鐫號題名，爲後人計哉！』所見尤灑脫也。」

一般人都知道中庸在道德中的重要性。孔子就說：「中庸之爲德也，其至矣乎。」但究竟什麼是中庸？卻不容易說清楚。孔子除推崇中庸之德外，並沒有做進一步的解釋。如果孔子所說的「中行」性格就是中庸，那末它是在狂狷兩端得其中。狂者進取，可能的流弊是急功近利；狷者有所不爲，可能的流弊是消極退縮。中庸就是能兼具二者之長又無其弊的一種理想性格。

《中庸》一書對「中庸」的意義有甚多發揮：忉中庸是戒懼、謹慎的態度。物中庸是判別君子與小人的標準，合者爲君子，不合者爲小人。犴中庸是不偏不倚，合適又難以企及的生活理想。「中庸」雖是儒家的重要學說，這個理想卻不專屬儒家，被後世儒者目爲「異端」的釋、老同樣也具備這種理想。

佛陀說：「精進太急，增其悼悔；精進太緩，令人懈怠。是故汝當平等修習攝受，莫著、莫放逸、莫取相。」此頗似孔子中行、狂、狷之說。佛教要人不可執「有」，也不可執「空」，應該修習「中道妙理」，也正是中庸之道的表現。

老子觀察到許多人生兩極端的現象，如進與退、盈與虛、福與禍、智與愚等。在現實人生中，不是得於此，就是失於彼，不是太過，就是不及，很難達到均衡無失的狀態，因此爲人間帶來無窮的問題。針對這些問題，他做了極富智慧的提示，提醒人欲進故退，警告人盈不可久，勸慰人禍福無門，鼓勵人大智若愚。這些無一不印證「擇乎中庸」的人生智慧。

當代作家林語堂在他兩本極爲流行的作品裡，竭力宣揚中庸之道，認爲與人類生活問題有關的古今哲學還不曾發現過一個比這種學說更深奧的道理。這種學說就是指一種介於兩個極端之間的那種有條不紊的生活——酌乎其中學說。這種中庸精神，在動作和靜止之間找到了一種完全的均衡。中國文化的基本精神就是「中庸」，它是以綜合折中爲手段，經長久的演進，應用於文化生活的各方面。

在人與自然的關係中，中國人把宇宙一切事物綜合爲「三才」，即天、地、人。在此領域，中國人折中之，以「人」爲中心，天爲人而立，地爲人而成，就是這個道理。

在人與人的關係中，中國也綜合之成爲三層，即群、家、己。我們把它折中在「家」這一層。我們習慣都以家爲出發點。社會組織以家爲基礎，個人是家的一分子。

在人與自己的關係中，中國人也分之爲三態：張放、節制、弛緊。我們又把它折中在「節」態之上，所以一切心理修養都要以節制爲基礎。

在人與時間的關係中，中國人又綜合之爲三段，就是既往、現在與將來。又折中之，以「現在」爲中心。所以我們習慣上講「承先爲後」、「繼往開來」。

這種綜合折中之說，點明了中庸的主要意義在於強調既不太過，也不不及之擇乎中庸的人生態度。這種人生態度曾見於古希臘哲學家亞里斯多德的倫理學中。亞氏和孔子一樣，視中庸爲道德的眞諦。在對人的態度上，他認爲阿諛嫌太過，輕視又不及，友愛最合乎中庸。社交方面，傲慢嫌太過，卑屈又不及，誠實最合乎中庸。處事方面，粗魯嫌太過，怯懦又不及，勇敢最合乎中庸。使用金錢，浪費流於不過，吝嗇流於不及，慷慨才是中庸之道。

爲何中國、印度、希臘的聖哲都一致提倡中庸之道？除了它爲人類提供了一個大中至正的生活理想，在兩端之間擇乎其中的過程，也是人類獲得愉快和諧之生活的方法。我們的社會就依賴著它調適其間，才不致完全崩潰和毀滅。

中庸，就是紀曉嵐祕不示人的處世智慧。

31 流露至情至性的個性

紀曉嵐編撰《四庫全書》，前後十餘年，由編修升至禮部尚書，文人的習慣始終保留。為編《四庫全門》，他曾四進承德避暑山莊，查點文津閣祕笈。

有一次，在承德避暑山莊檢點自己編纂過的書稿，忽然從書中掉出一張紙條。他撿起來一看，不由得高興地大叫起來：「找到了，找到了！沈沒數百年，終見於世，豈非貞魂怨魄，精貫三光，有不可磨滅者乎？」陸錫熊等同僚見他這樣高興，不知何故，都奇怪地望著他。

原來，他見到的是幾年前從《永樂大典》中抄錄出的一首不見傳本的佚詩。此詩抄後夾入書中，後來書被人搬動，竟忘記夾在哪一本，多次查找，均無所獲。現偶然得到，豈不令他高興異常！這首詩題名《李芳樹刺血詩》，沒有注明朝代，也未說明李芳樹是什麼人，更未注明為何而作。當時陸錫熊為它做了一次小小的考證。根據此詩在諸詩中的排列次序，他斷定李芳樹為宋人。即使是宋人，到清乾隆間也已幾百年了。詩作纏綿悱惻，婉轉哀怨，與漢樂府《孔雀東南飛》頗為類似。紀曉嵐本是個多情種子，見此綿綿情詩，怎不珍愛非常？詩云——

去去復去去，淒惻門前路。
行行重行行，輾轉猶含情。
含情一回首，見我窗前柳；
柳北是高樓，珠簾半上鉤。
昨為樓上女，簾下調鸚鵡；
今為牆外人，紅淚沾羅巾。
牆外與樓上，相去無十丈；
云何咫尺間，如隔千重山？
悲哉兩決絕，從此終天別。
別鶴空徘徊，誰念鳴聲哀！
徘徊日欲晚，決意投身返。
手裂湘裙裾，位寄稿砧書。
可憐帛一尺，字字血痕赤。
一字一酸吟，舊愛牽人心。

君如收覆水，妾罪甘鞭捶。
不然死君前，終勝生棄捐。
死亦無別語，願葬君家土。
倘化斷腸花，猶得生君家。

詩中淒怨幽幽，難怪紀曉嵐愛不釋手。由此也可見他的文人純眞氣息，以及對人間摯愛眞情的歌頌與嚮往。

本來，在宋明理學體系中，只有「天理」才是惟一的、實在的，人的感性、自然的欲求都被絕對加以排斥。所謂「天理存則人欲亡，人欲勝則天理滅。」這乃是中國傳統道德可怕的變態和扭曲。

但是，壓抑從來非萬能。理學家消滅欲念的強力主張，自晚明以來便不斷受到來自各方的反擊。紀曉嵐作《四庫全書》提要，也站在這一陣線向理學出擊。他敘述了如下兩則抉擇於「欲」與「理」之間的故事，它們的主人公分別是北宋陳烈與南宋胡銓。

一次陳烈出席宴飲。東道主請來官妓於席間助興。「烈聞妓唱歌，才一發聲，即越牆攀樹遁去，講學家以爲美談。」對於理學的道德準則來說，陳烈確是嚴守名教大防、堅守純正「天理」的典範。

胡銓是南宋名臣。紹興年間，秦檜主和，金使南下詔諭江南。他上疏請殺秦檜和使臣王倫，被謫吉陽軍（今廣東崖縣）十年。直到孝宗即位，才被起用。在從貶地北歸途中，胡銓飲於湘潭胡氏園，題詩曰：「君恩許歸此一醉，旁有梨頰生微渦。」所謂「梨頰生微渦」者，即「侍妓黎倩也」。胡銓之詩後爲朱熹所見，於是朱文公題詩曰：「十年浮海一身輕，歸見梨渦卻有情。世上無如人欲險，幾人到此誤平生。」

在這位理學大師看來，胡銓雖氣骨錚錚，卻因把持不住「方寸之間」的自我，從而在一念之差中墜入險惡的「人欲」陷阱。繫於人生全副身心和性命之上的倫理道德這把達摩克利斯劍終於無情墜落，胡銓由此被判定：「自誤平生」。

此番情形正如乾隆所聲言的：「天理與人欲，只爭一線多。」「出此入乎彼」，其間絕無調和之餘地。紀曉嵐卻不然，他針對朱子對胡銓的斥責，發出這樣的議論——

> 銓孤忠勁節，照映千秋，乃以偶遇歌筵，不能作陳烈逾牆之遁，遂坐以自誤平生，其操之爲已蹙矣。平心而論，是固不足以爲銓病也。

在這裡，紀曉嵐以一種富於人情的現實態度解說胡銓「歸見梨渦卻有情」的「失誤」，其批判鋒芒之所及則是理學扼殺人之情感欲望的禁欲主義以及道德神聖、道德至上的泛道德主義，立場和旨趣大不同於宋明理學家。

《閱微草堂筆記》中還記載了一則驚心動魄的故事——

余幼聞某公在部署時，以氣節嚴正自任。嘗指小婢配小奴，非一年矣，往來出入，不相避也。一日，相遇於庭。某公亦適至，見二人笑容猶未斂，怒曰：「是淫奔也！於律，姦未婚妻者，杖。」遂亟呼杖。眾言：「兒女嬉戲，實無所染，婢眉與乳可驗也，」某公曰：「於律謀而來行，僅減一等。減則可，免則不可。」卒並杖之，創幾殆。自以爲河東柳氏之家法，不是過也。自此惡其無禮，故稽其婚期。二人遂同役之際，舉足趑趄，無事之時，望影藏匿，跋前跑後，日不聊生。漸鬱悒成疾，不半載內，先後死。其父母哀之，乞合葬。某公仍怒曰：「嫁殤非禮，豈不聞耶？」亦不聽。

一對情竇初開的小兒女，只因相遇而笑，便在嚴密的禮教窒息下，葬送了青春的生命。這是何等慘烈的悲劇。在中國封建社會後期的現實生活中，宋明理學確乎扮演了一個非常兇殘、醜惡的角色。「以風化爲己任」的理學家將本來契洽人情、助人向善的道德倫理變成「忍而殘殺之具」，進而「以理殺人」。表面上堂而皇之，骨子裡男盜女娼的理學家還將道學當作遂己私欲的再好不過之工具。

與此相比，紀曉嵐以禮部尚書之尊，著書立說，明顯讚揚至愛眞情，確乎可貴。

32 行事多風趣，令「聞者絕倒」

談吐能直接反映出一個人是博學多識還是孤陋寡聞，是接受過良好的教育還是淺薄無知。一個不善言談、沈默寡言的人很難引起他人注意。在社交中能侃侃而談，用詞高雅恰當，言之有物，對問題見解深刻，反應敏捷，應答自如，能夠簡潔、準確、鮮明、生動地表達自己的思想與情感，就能表現出其不同凡響的氣質和風度。

然而，高雅的談吐是無法僞裝出來的。賣弄華麗的詞藻，只會顯得淺薄浮誇；過於咬文嚼字，又會使人覺得酸味十足。眞高雅者不背後議論人，講話注意分寸，背後表揚人，多講其優點，當面批評人，指正其缺點。

一天，紀曉嵐的朋僚、《四庫全書》的另一位總纂陸錫熊的母親七十大壽，家中張燈結綵，冠蓋雲集，熱鬧非凡。

紀曉嵐與幾個同僚前往祝賀。陸錫熊迎入，特別客氣。因知紀曉嵐妙語驚人，才氣不凡，待賓客到齊後，特請其撰寫祝辭。

按當時的習慣，爲高官的老壽星撰寫祝辭的人不是官高位顯，就是飮譽文壇。這時的紀曉嵐僅僅三十多歲，官職也只是個編修，主人陸錫熊請他寫祝辭，這已是特別看得起他。紀曉嵐卻絲毫沒有推辭，連說：「謹遵台命。」

他提起筆，望了一眼在座的賓客，寫下第一句——

這個婆娘不是人，

此語一出，四座皆驚。同來的朋友看到他的舉動，知道他要開玩笑，卻沒料到他在這喜慶又嚴肅的場合竟如此出言。陸錫熊更是驚得手足無措。坐在堂上的老夫人，滿是皺紋的臉上結了一層寒霜，那怒火像正要發作。這時他不慌不忙，寫下第二句——

九天仙女下凡塵。

筆調輕輕一轉，語意全變。大家哄然一聲，笑了起來。正要發作的老夫人也轉怒爲喜。陸錫熊樂得直拍手。正在大家開懷之際，寫下第三句——

生個兒子去做賊，

這下又把大家弄糊塗了，不知他到底要說什麼，氣氛頓時緊張起來。那老夫人和陸錫熊眼睛直呆呆地望著他，似乎要看透他。他也不說話，直待大家胡亂猜測的時候，才寫下第四句——

偷得蟠桃壽母親。

大家這才開顏歡呼起來：「高才，高才！」老夫人和陸錫熊也滿意地笑了。其實，這四句並非什麼上乘之作，它的意義太單薄。紀曉嵐這樣作，只是顯示他的幽默和機智，以博得大家一笑罷了。

歷史上不少文人也有過類似的戲謔。據《葵軒瑣記》記載，明代風流才子唐伯虎在家住對面的富翁之母親七十壽誕，向他求詩時，也曾寫下這樣的四句——

對門老婦不是人，好似南山觀世音。
兩個兒子都是賊，偷得蟠桃獻母親。

唐伯虎恃才傲物，瀟灑風流，開這樣的玩笑是可能的。紀曉嵐所吟與唐伯虎之作如出一轍，但第二句不同，意義卻更爲合理。紀曉嵐廣讀詩書，不管他是借用還是獨創，都說明他確實機敏靈活。

流傳下來的一則他爲人寫春聯的故事，也可以反映出他的博學——

春節到來，人們都知道紀翰林善於題聯，一時間，上門求寫春聯的人絡繹不絕，使他眞有些應接不暇。他也眞有辦法，無論誰來，上聯都用唐代高適的一句詩：聖代即今多雨露；下聯也集唐詩中的句子做對，而且大多切合請托者的身分時況，很受喜愛。

一開始，他這種辦法並未引起人們多大的注意。可是一連幾天過去，手不停揮地打發走了上百個請托者，上聯總是那句「聖代即今多雨露」，下聯卻絕無重複，翰林院學士們覺得十分驚奇，禁不住拍案叫絕：這河間才子紀曉嵐究竟會背多少首唐詩？

恰好，有位前任侍郎，不久前被貶去官職，受命到翰林院行走。他看紀曉嵐給人的春聯，無一例外地用同一句上聯頌揚皇帝聖明有道，對臣民寬厚仁慈，普施恩澤，便有意爲難他一下，也來向紀曉嵐求寫春聯。

紀曉嵐見侍郎也來求聯，很是高興，口中寒暄著，隨手提筆寫出了上聯：聖代即今多雨露。那位侍郎看了，微微笑道：「敝人新由卿貳貶到翰林院行走。」

紀曉嵐一聽，忍不住嘴角一翹，心想：這回有點不好辦了！看來侍郎大人是有意開我的玩笑！這侍郎所說的卿貳就是侍郎的別稱，因爲六部尚書爲正卿，各部侍郎的地位僅次於尚書，所以又稱作卿貳。這位侍郎被貶回翰林院行走，只是來這裡協助工作，並不是專職官員，一下子就是連降了數級，跟「聖代即今多雨露」一句完全是兩碼事。但上聯已經寫出來，又不好不用。

紀曉嵐抬頭看看身邊的同僚。他們眼含笑意，分明是要看看他這次如何寫就下聯。

他略一思索：有啦！隨即抬頭向侍郎笑道：「大人來得正好，有一唐人詩句，只有給您用才最合適！」說完笑盈盈地提起筆來。

同僚趕緊湊到他身邊觀看，只見他寫道：「謫居猶得住蓬萊。」

這句下聯用的是唐代元稹的詩句。紀曉嵐把翰林院比作蓬萊仙境，給侍郎用上了這樣一句，說他雖然被貶，卻因禍得福，到底還是歸於「聖代即今多雨露」啊！

侍郎看了，佩服得直點頭。

同僚們也稱讚起來，說他眞不愧爲才子。

令「聞者絕倒」這樣的事，紀曉嵐似乎終生樂此不疲，亦頗有一些得意。在關於他的傳說中有多少「令人絕倒」，誰也說不清。他的幽默總是來得那麼突兀又自然而然；他很天眞地捉弄眼前的人物，有時也自我解嘲。

33 認「真」不得的時代

孔子昔年困於陳蔡，餓得奄奄一息。正好附近有一家店。他叫弟子仲由（子路）去討碗飯吃。掌櫃的說：「我寫一個字，你若認識，我就免費招待。」仲由說：「我是聖人門徒，不要說一個字，就是十個字，都包下啦！」掌櫃的寫了一個「眞」字。仲由說：「這連三歲娃兒都知道，一個『眞』字罷了。」掌櫃的說：「明明白癡，還說大話！小子們，給我亂棒打出！」仲由狼狽而逃，回報一切。

孔丘說：「無怪你會挨揍！等我前去亮相。」掌櫃的仍寫一個「眞」字。孔丘說：「這是『直八』呀！」掌櫃的大驚道：「名不虛傳，你的學問果然大得可怕！」酒足飯飽之後，仲由悄悄問道：「老師，你可把我搞糊塗啦！明明是『眞』字，怎麼變成『直八』？」孔丘歎道：「你懂個啥！現在是認不得『眞』的時代，你一定要認『眞』，只有活活餓死。」

嘉慶七年，紀曉嵐這位七十九歲的老臣再次被諭令爲會試正考官。正考官共有兩名，另一名是左都御史熊枚。副考官是內閣學士玉麟、戴均元。

在此之前，紀曉嵐曾兩次充任會試正考官，一次充任武科會試正考官。每次都謹慎從事，嚴於防範，沒有出什麼差錯，錄取了一批又一批具有眞才實學的人。因而就擔任正考官來說，他已是輕車熟路。可是事有偶然，沒想到這次出了個不大不小的麻煩。

他去北京城的天橋聽書，忽聽得旁邊有二人低語。回眸一看，見是兩個舉子模樣的人。其中一個說：「仁兄，我有一詩想背誦於你，看意下如何？」另一個道：「這好端端的說書，還聽得那詩，有何用場？」先一人道：「我叫你聽，自是有聽的妙處。」另一人道：「你就說說看。」偏巧，這時說書已到一段，屋內的聲音少了些，話也容易聽得眞了。這會兒，只聽先一人背誦道——

禁御花盈百，遲遲送漏聲。
此中饒絢爛，遙聽亦分明。
籟靜敲愈響，紅深望不成。
鈴脆金個個，柯雜玉琤琤。
代把雞籌報，先教蝶夢驚。
霞開林外曙，霧封竹間清。

園鼓休催羯，樓鐘未吼鯨，
皇州春色滿，更待轉流鶯。

另一人聽了，叫道：「好詩，好詩！」

那誦詩者瞥了他一眼，說道：「當然是好詩！它的題目叫《漏聲遙在百花中》。還有評點呢！」

「怎麼評點的？」

「第一，點題有法；第二，音色交繪；第三，音節清脆；第四，意境深邃。這是首早朝詩，摹寫宮禁中曉景，字字逼眞。清華之中有富貴氣，與尋常遊園賞花不同。作此題詩者，不難於雅，而難於壯，不難於切，而難於稱。若帶些子山林氣，便是不稱著了。一句綺靡語，便是畫龍點睛處。諸卷殊少合同，惟此詩清穩得體。」

「看你評點，高妙得當。」

「這不是我的評語。」

「誰的？」

誦詩者四下望了望，放低聲音耳語道：「這是當今大主考紀曉嵐的批語。」

另一人聽了，大爲驚訝，道：「紀曉嵐？不就是在這乾嘉兩朝五任都察院左都御史、兩赴千叟宴、兩遷禮部尚書的紀曉嵐紀大人嗎！」

先一人說：「正是這個紀大才子。事情也就出在這裡。」

另一人道：「這分明是殿試中的試卷詩，現在未等揭榜，怎麼就傳了出來？」

先一人說：「這事，不能不說與這位主考大人有關了。」

另一人道：「難道是他泄露了課試詩題？」

先一人說：「也說不定啊！錢能通神。如今的科場，營私舞弊者多矣。」

紀曉嵐心中留下了一個問號。他想：這詩確實是試卷中的策試詩，批評也是出自本人之手。但這詩怎麼會傳揚出去？榜尚未發，為何出現此種事？這事一旦傳到皇上耳中，豈不是落下個偌大罪名！想到這裡，他很想與那兩個舉子模樣的人盤旋一會兒，也好弄個水落石出。不料，那兩個舉子此時已離座而去。

紀曉嵐看了看，心想：也罷！即便去問，還能得出個什麼結果？莫不如回朝聽聽風聲再作計較。想到這裡，他也無心再聽那《青樓遺恨》的子弟書說唱段子了，索性向居所「閱微草堂」走去。

在尚未發榜之時，外邊就有人傳揚前幾名的名字，並能誦出前列者的詩句。有人為此密告嘉慶，奏請查處泄密之人。

嘉慶得知此事，大為惱火，立刻派人追查。一時間風雨滿城，參與此科會試的大小官員無不人人自危。

紀曉嵐看這事麻煩不小，不管出在哪個人頭上，他身為本科的正考官，都是罪無可逃，勢必牽連進去。尤其讓他擔心的是，這一案查下來，說不清要株連多少人下獄。自己受累坐牢事小，讓同僚及其親屬獲罪，自己更難做人。看來這事兒認真不得了，誰泄漏的機密，現在最好不要去深究。思之再三，最後拿定了主意。

皇上召見終於紀曉嵐，查問科場泄密一事。紀曉嵐跪下叩頭，然後鎮定自如地說：「皇上不必動怒，臣即是泄漏之人。」

紀曉嵐深知，以自己的威望和地位，主動承擔下這個罪責，應該不會有什麼大問題。果然，嘉慶素知紀曉嵐為事恭謹，這種事斷不會出在他身上，但聽他如此回答，很為吃驚，趕緊問道：「老愛卿何故泄漏？」

紀曉嵐回答：「聖上明鑒，這泄漏之事實出無意。微臣書生習氣，見佳作必吟哦，或者記誦其句，然不知何人所作，心中懲悶，欲訪知為何人手筆，則無意中不免泄漏。皇上果真動怒，微臣甘願領罪。惟求聖上開恩，不要株連他人。」

經他這麼一說，嘉慶的怒氣竟出乎意料，全部消了下去，隨即撤回追查此次考案的大臣，一場風波就此平息。眞正泄漏機密的人即使不便明言，也在心中對紀曉嵐感激至深。所有參與會考的官員都對他敬佩備至。

《灤陽消夏錄》卷四第十六則記載了一個農夫之母自污救婢的感人故事——

某主家丟失了兩千文錢，懷疑是某婢所爲，便嚴施家法，逼她承認。打了幾百鞭子，此婢堅決不認。農夫陳四的母親也在這家府上當傭人，看到這孩子實在太可憐了，如不設法，就可能被活活打死，便急忙將自家衣物典當了兩千文，拿著來找主母，說：「老婆子一時糊塗，見利忘義，偷了這兩千文錢。原以爲主人家錢多，一時發現不了，沒想到連累了這個婢女，實在後悔。這錢我還沒用，原數送回自首。今後，老婆子也沒臉再繼續幹下去了，今天就辭工走人。」至此，主家才放了那個快被打死的婢女。

這位老婆婆甘願自汙，承擔本不該承擔的罪名，卻救了婢女一條命。紀曉嵐高度讚賞了這位農夫之母的善良品性和高尚情操。

34 聰明人反而容易糊塗

「模棱兩可」一詞語含貶義，是說人的態度曖昧，不表示自己的意見。但在一定的條件下，採取模棱兩可的態度，也不失爲保身自全的良策。然而，越是態度曖昧的聰明人，越容易辦糊塗事。

紀曉嵐講過這樣一個故事——

有一士人夜坐納涼，忽然聽到房屋上有雜訊。驚駭而起視，則見兩個女子從屋檐邊際格鬥墜落下來。女子忽然看到士人，便厲聲問他：「先生是讀書人，姊妹共一婿，有是禮嗎？」士人噤不敢語。女子又一再催問。士人戰慄，囁嚅地說：「僕是人，僅知人禮。鬼有鬼禮，狐有狐禮，非僕之所知也。」二女唾罵：「此人模棱不了事，當別問能了事人耳。」乃糾結而去。

他爲此論道——

蘇味道模棱，誠自全之善計也。然以推諉僨事，獲譴者亦在在有之。蓋世故太深，自謀太巧，恒並其不必避者而亦避，遂於其必當爲者而亦不爲，往往坐失事機，留爲禍本，決裂有不可收拾者。此士人見誚於狐，其小焉者耳。

意思是說：仔細想來，模棱兩可確實是保全自身的良策。然而因推諉而模棱兩可，受其害者也在在有之。原因在於太過世故，就會自以爲智謀甚巧，常常會並其不必避諱者也避之，本應該做的也不去做，往往因此坐失良機，留下禍根，甚至於發展到不可收拾的地步。此士人被狐譏笑，尚是小事。

他還講了另一個故事——

甲與乙鄰居世好，幼年同嬉戲，長大後復同硯席，相契如兄弟。兩家男女時相往來，雖有隔牆，猶如一宅同居。

有人爲甲婦造謗，說她私通其表弟。甲探訪無跡，然而疑問不釋，於是密以情況告知乙，請求他代爲偵察。乙一向謹愼畏事，堅謝不能代理。甲因此私下以爲乙未偵而謝不能，是知道其事而不肯代爲偵察，遂不再問，亦不明言；然而由是不答理自己的老婆。

甲的老婆無以自明，竟鬱鬱而死。死後附魂於乙說：「親莫親於夫婦，夫婦之事，我夫卻密請你偵察，由此可見他信任你何如了。假使你力白我冤，他的懷疑必會冰釋；或者你能表面答應他的請求，而慢慢告訴他此事本無根據，他的懷疑也必會冰釋。你卻擔心如偵得實據，不告訴他則有負他的信任，告訴他則擔心你會因此受人怨恨。所以你置身事外，恝然自全，致我死恨於泉壤，實在是殺人而不操兵啊！今日我控訴你於冥王，你可自己前往對質。」乙不久竟顛癇數日而死。

甲也說：「之所以需要朋友，爲的是他能緩急相資。此事或可欺我，又豈能欺人？關係疏遠的人或可欺，又豈能欺你？我以心腹話託付你，如無其事則自當言無，直詞責我勿以浮言離間夫婦感情；如果眞有其事就應該密告於我，使善爲計，勿以穢聲累子孫。你卻視若路人，以推諉爲疑竇，何貴有此朋友哉！」遂亦與之絕交。乙死，甲竟不往吊。

爲此，他又評論道：「乙豈眞欲殺人？只因他世故太深，遂趨避太巧罷了。然而他擔心小怨，卻招致大怨；擔心一人怨恨，卻招致兩人怨恨。終至殺人而以身償，其巧又在哪裡？所以說：非極聰明人，不能做極懵懂事。」

紀曉嵐在《四庫全書總目》中，評價儒生士子經世理想與現實政治的關係所表達的就是一種模棱兩可的調和觀點。他認爲，在儒生士大夫經世理想與現實政治的矛盾衝突中，不言而喻，眞理在握卻無權無勢的士人必處於失敗之一方。然而，在某些特殊境況下，具有一定文化影響的士人經世又有可能造成封建秩序一時之紊亂。南宋末陳東與明末東林黨人便曾經攬得宋明統治者大不安寧。

陳東是北宋末太學生運動的領袖。在金軍大舉南進，北宋王朝岌岌可危的情勢下，他多次和眾太學生伏闕上書，抗擊權奸，敦促政府堅決抗金。靖康元年（一一二六），金軍兵臨東京城下，欽宗與宰相李邦彥罷免力主抗戰的李綱之職，擬割太原、中山、河間三鎮以求和。陳東率太學生在宣德門上書，要求罷免李邦彥，重新起用李綱。城中軍民數萬人紛起應援，包圍皇宮，砸碎登聞鼓，打死宦官數十人。聲勢浩大的軍民抗議活動，逼使欽宗宣布重新任用李綱。但此時北宋小朝廷苟安國策已定，僅在一年之後，李綱再次罷相，陳東亦被宋高宗、黃潛善以「鼓眾伏闕」的罪名處死。臨刑前，陳東慷慨而言：「畏死即不肯言，已言肯逃死乎？」從容赴死。

對陳東之舉，紀曉嵐的評價是雙重的：既褒獎陳東的「憂國」之心與敢於掊擊「人不敢觸之巨奸」的豪氣，又反對他危害封建綱常秩序——

東以諸生憤切時事，摘發權奸，冒萬死以冀一悟，其氣節自不可及。然於時國步方危，而煽動十餘萬人，震驚廷陛。至於擊壞院鼓，臠割中使，跡類亂民，亦乖大體。南宋末太學之橫，至於驅逐宰輔，莫可裁制，其胚胎實兆於此。張浚所謂欲以布衣持進退大臣之權，幾至召亂者，其意雖出於私，其言亦未始不近理也。

對於明末東林黨，紀曉嵐也有相似的意見。

東林黨崛起於明萬曆年間，其時明王朝統治危機日趨深重，被革職的吏部郎中顧憲成與志同道合的高攀龍、錢一本等聚於無錫東林書院講學，「諷議朝政，裁量人物」，企圖挽回頹落之國勢。一時之間，「士大夫抱道忤時者，率退處林野，聞風響附。」人稱「東林黨」。在以後數十年中，東林黨一方面反抗魏忠賢閹黨的黑暗政治，另一方面又與浙、齊、楚、宣、昆等對立黨派圍繞朝政，展開激烈的黨爭。

紀曉嵐推揚東林黨的領袖人物如顧憲成、高攀龍等「風節矯矯」，「皆一代名臣」。「迨魏忠賢亂政之初，諸人力與搘柱，未始非謀國之忠。」卻決不贊同他們以超軼封建政治秩序許可的方式去干涉時政。那就是「聚徒講學」：「既已聚徒，則黨類眾而流品混；既已講學，則議論多而是非生。」於是，「禍患卒隱中於國家。」

因此，他認爲，意切時用的經世精神固然可嘉，需亟亟提倡，但它只能限於「稽首青蒲，正言悟主」的正宗方式，封建秩序、君臣綱常是「經世」不可逾越的界限。

35 閱歷是經世實學

書生往往坐而論道，且食古不化，從本本出發，冥頑異常。紀曉嵐推崇實踐，他認爲「世間萬事須閱歷」，模棱、認眞與否，全看實踐是否需要，全憑經驗之判斷。學術致用的關鍵不僅在於貼近現實，而且必須對事物的規律和本質切實把握。這種把握往往無法得心於書本，而依賴於經驗性的實踐活動，進而由經驗上升爲理論。對理論的經驗性予以高度重視，遂成爲實學思潮的重要特徵。呂廷翰云：「驗之於物而得之於心，乃爲眞知。」焦循云：「實測而知，證之以實。」皆表明了相近的致思趨向。

紀曉嵐對經驗性的「實行」或「實踐」也高度重視。

《閱微草堂筆記》中有一則「尋訪石獸」的故事——

滄州南一寺臨河干，山門圯於河，二石獸並沈焉。閱十餘歲，僧募金重修，求二石獸於水中，竟不可得，以爲順流下矣。棹數小舟，曳鐵鈀，尋十餘里無跡。一講學家設帳寺中，聞之笑曰：「爾輩不能究物理，是非木柿，豈能爲暴漲攜之去？

乃石性堅重，沙性鬆浮，湮於沙上，漸沈漸深耳。沿河求之，不亦顛乎？」眾服為確論。一老河兵聞之，又笑曰：「凡河中失石，當求之於上流。蓋石性堅重，沙性鬆浮，水不能沖石，其反激之力，必於石下迎水處齧沙為坎穴。漸激漸深，至石之半，石必倒擲坎穴中。如是再齧，石又再轉。轉轉不已，遂反溯流逆上矣。求之下流固顛，求之地中，不更顛乎？」如其言，果得於數里外。

老河工之所以對石獸的蹤跡能準確預測，在於他具有豐富的實踐經驗，對石、沙、水流三種因素進行動態的綜合考察。講學家之所以判斷失誤，在於他僅僅從「究物理」出發，「但知其一，不知其二」，忽視了實際中的千變萬化。紀曉嵐以老河工與講學家的得失相觀照，正是為了彰揚「實行」，批評「據理臆斷」。

乾隆二十七年冬，紀曉嵐從北京赴福建任學政。東渡黃河時，千里一瀉、盤渦十丈的激流激起了他的萬千思緒。他回顧商、周以來的黃河之患，更反省千百年來治河的種種教訓，在「眾手摠舵呼邪許」的船工號子聲中，不禁吟道——

書生每喜談水利，尸祝欲代庖人謀。

世間萬事須閱歷，百不一效空貽羞。

紀曉嵐對閱歷高度注重的思路亦見於《石匣城》一詩。石匣城是明代戚繼光為控三衛而建築的城堡。當紀曉嵐登臨石匣城，不禁大嘆：「邱垤互起伏，了無險可恃；云何一孤城，能捍萬突騎。使我生當年，與聞軍國計；據今之所見，寧不沮其事。」然而，他是深為服膺戚繼光的。他相信戚繼光在如此地勢上築造石匣城自有兵法上的妙用，而這種巧妙用兵又來自戚繼光豐富的用兵經驗。在書本無法解答的前人之經世遺跡前，他不禁思緒聯翩，發出「烏可據詩書，慷慨談經濟」的感歎。

為了「勵實行」、「求實用」，紀曉嵐在「一手勒成」《四庫全書・總目》時，著意嘉勉經驗式研究。《御定曆象考成後編》提要和《天經或問》提要指出：「第測驗漸久而漸精，算術亦愈變愈巧。」「《授時曆》密於前代，正以多方實測，立法步算得之。」高度肯定了實測之術在天文曆算演進過程中的關鍵性作用。

清人王錫闡苦心孤詣，研究天文，「潛心測算，務求精符天象。」「遇天色晴霽，輒登屋臥鴟吻間，仰察星象，竟夕不寐。」紀曉嵐讚譽他為「覃思測驗之士」。以注重實驗手段著名的宋代大科學家沈括也在《總目》中得到不同以往的評價。《總目・〈蘇沈良方〉提要》便肯定沈括既長於試驗，又博通物理，從而將「術家能習其技而不能知其所以然，儒者明其理而又往往未經試驗」的各自之缺陷彌合，集二者優長於一身。

對於由實地考察和親身閱歷中產生出來的學術著作，紀曉嵐也力加讚賞。明人張國維曾任江南巡撫，任職期間，興建了一系列卓有成效的水利工程。以擘畫水利的經驗爲依據，他撰成《吳中水利書》。紀曉嵐評道：「是書所紀，皆閱歷之言」，故「指陳詳切，頗爲有用」，「與儒者紙上空談，固迥不侔矣。」清人陳儀曾充霸州等處營田觀察史，《直隸河渠志》一書便作於他「經理營田時。」紀曉嵐頗爲看重此書所具有的實證性：「儀本土人，又身預水利諸事，於一切水性地形，知之較悉。」因此，書中「敷陳利病之議……足以資參考。」在評價「可謂有用之書」的《平臺紀》時，紀曉嵐也強調書中所發議論來自作者的實踐經歷，皆有堅實之依據，而「非紙上談兵者」。後來清政府在臺灣治理上所採取的某些措施，「竟從其說，至今資控制之力。」

紀曉嵐一方面推揚從實踐和閱歷中產生出來的經世之論，稱它們切實有用，另一方面則對那些發之於玄想臆斷，閉門造車的「紙上之經濟」加以譏彈。明代王宗沐所撰《海運詳考》與《海運志》便在他的譏評之列。王氏二書收載了他本人關於海運的議事呈文，頗具「經濟之學」的外觀。但紀曉嵐指出，王宗沐所主張的海運乏於對實際情勢的考察和瞭解，只不過是「掇拾邱濬《大學衍義補》之陳言。」因此，海運一行便運舟漂溺，損失頗巨。由此可見，「儒生紙上之經濟，言之無不成理，行之百不一效也。」與王宗沐情形相似的「好談經濟而無實用」的王在晉，「喜談經濟之術」而「所講亦紙上談兵」的陳龍正，亦被紀曉嵐稱爲「迂闊之儒」，予以辛辣之譏諷。

從《總目》中強調「閱歷之言」即「有用之言」到「世間萬事須閱歷」，「烏可據詩書，慷慨談經濟」之論，實踐在經世實學中的重要性被紀曉嵐醒目地標示出來。

36 榮辱不驚，一切隨緣

智、仁、勇是儒家人格的最高理想。勇是智和仁的結果。像山一樣堅忍不拔，像水一樣勇往直前，這就是一個崇高的人、有價値的人、快樂的人，一個長壽的人。直到現在，愛山、愛水，以山和水爲自己人生之楷模仍然是許多文人的最高追求。

孔子認爲人和自然是一體的，山和水的特點也反映在人的素質之中。因此他說：「智者樂水，仁者樂山；智者動，仁者靜；智者樂，仁者壽。」在千變萬化的大自然中，山是穩定而可信賴的，它始終矗立不變，包容萬物，是最可靠的支撐。水則多變，具有不同的面貌，它沒有像山那樣固定、執著的形象；它柔和又鋒利，可以爲善，也可以爲惡；難以追隨，深不可測，不可逾越。

仁愛之人則和山一樣平靜，一樣穩定，不爲外在事物所動搖，他們以愛待人、待物，像群山一樣，向萬物張開雙臂，站得高，看得遠，寬容仁厚，不役於物，也不傷於物，不憂不懼，所以能夠長壽。

聰明人和水一樣隨機應變，常常能夠明察事物的發展，「明事物之萬化，亦與之萬化」，而不固守一成不變的某種標準或規則，因此能破除愚昧和困危，取得成功；即便不能成功，也能隨遇而安，尋求另外的發展。所以，他們總是活躍而樂觀。

紀曉嵐因盧見曾一案的牽連，經過二年多西域風霜的鍛鍊，再歷編纂《四庫全書》中的風風雨雨，洞視人間的世態炎涼，所以老年後功名利祿之心大減，縱才傲物的性格爲之一變，顯得世故老到起來。

晚年時，他對圍棋產生濃厚之興趣，並自號「觀弈道人」。他在六十八歲寫的《槐西雜志》小引裡，就是這樣署名的：「壬子六月，觀弈道人識。」他擁有一副別緻的棋子，圓滑秀美，晶瑩透亮。那是朝鮮使臣鄭思賢送給他的。黑子全是海灘細石，大小粒粒一致，經若干年海水衝擊所致。白子全是海灘貝殼，也被海水打磨得潔白如雪。碎石和貝殼雖不珍貴，但要拾取這麼多厚薄均勻、顏色一致的，絕非一朝一夕之功。從這點看，就值得人特別珍視。紀曉嵐非常喜愛，放在書齋裡，經常把玩。可惜後來被棋友范司農借去。范氏死後，棋子不知下落。紀曉嵐爲之惋惜不已。

對下棋，他有獨特的看法：對弈之事，「消閒遣日，不妨偶一爲之；以爲得失喜怒，則可以不必。」他常引用蘇東坡的詩：「勝固欣然敗亦喜。」又推崇王安石的觀點：「戰罷兩局收白黑，一枰何處有虧成。」把下棋看作消遣，從不計較勝負。

乾隆五十八年，他作《再題桐萌觀弈圖》一詩——

> 桐陰觀弈偶傳神，已悵流光近四旬。
> 今日鬖鬖頭欲白，畫中又是少年人。
> 一枰何處有成虧，世事如棋老漸知。
> 畫星兒童今長大，可能早解半山詩。

其序云：「丙午七月，屬沈雲浦作《桐蔭觀弈圖》，意謂不預其勝負而已，猶有勝負者存也。後讀王半山詩曰：『莫將戲事擾眞情，且可隨緣道我贏。戰罷兩局收黑白，一枰何處有虧盈。』乃悟並勝負亦幻象。癸丑五月，偶然檢視，題此二詩。然半山能言之而不能行，予則僅能知之耳。因附識以志予愧。」

爲表明這種態度，他經常把從兄紀方洲、紀坦居那裡聽來的兩個故事講給朋友聽。

紀氏老家景城眞武祠，有一道士酷愛下棋，人稱「棋道士」，其本名外人倒不知道。有一天，紀方洲來到眞武祠見桌上置一棋局，只卅一子。方洲以爲棋道士外出，便坐下來等待。忽聽到窗外有喘息聲。走出一看，原來是棋道士與一人正在爭奪一個棋子，四手相持，力竭倒地，發出呼哧呼哧的喘息聲。

乾隆十二年，紀坦居參加鄉試。試院有兩個考生，以號板做棋盤，碎炭爲黑子，剔碎石灰塊爲白子，對弈不止，竟忘了應試。終場時一齊交了白卷。

紀曉嵐覺得這兩個故事裡的弈棋者都很可笑，爲弈棋竟忘記一切，實在太執著。他把這種弈棋的看法又用在人生態度上。他自號「觀弈道人」，一是表示酷愛棋藝，一是表示自己超然物外的處世態度。

或許正因爲有此背景，紀曉嵐晚年對他的堂兄紀昭採取的人世態度很是佩服。紀昭進士及第後只作了八年的內閣中書，便辭官家居，惟以詩書課子孫，日與友人詩酒唱酬爲樂。乾隆三十二年春天，紀曉嵐返回北京前，紀昭贈詩相送，其中有「敢道山林勝鍾鼎，無如魚鳥樂江湖」二句，意在勸紀曉嵐及早脫離名利場。當時紀曉嵐一笑置之。其後因「顚蹶憂患蓋亦屢」，故在《怡軒老人傳》中感歎道：「兄之識度亦何可及哉！」

人在寧靜之中，心緒就會像秋水一樣清澈，可以見到心性的本來面目；在淡泊中，意念情趣才會平和愉悅，可以得到心性的眞正體味。正所謂「去留無意，任天空雲卷雲舒；寵辱不驚，看窗外花開花落。」莊子說：「榮辱立，然後睹所病。」意思就是說，人們如果有了榮辱的念頭，就會總看到種種憂心的事；過分關心個人的榮辱得失，就只能終日憂心煩惱，無法擺脫。

他還說：「錢財不積則貪者憂；權勢不尤則誇者悲；事物之徒樂變。」意思是說，追求錢財的人總爲錢財積累不多而憂愁，貪心者從無滿足；追求權勢的人總爲權勢不大而暗自悲傷，因而迷戀權勢的人特別喜歡社會動蕩，以便於攫取權勢。

37 命有定數，坦然受之

紀曉嵐一向對命運之類說法不以爲然，但在身處困境之時，他慚漸悟出生死禍福終有緣孽。他本不相信所謂拆字預測未來之說，但在被押期間，也曾請一董姓軍官爲其拆字。他在筆記中論述——

亥有二首六身，是拆字的開端。漢代預言吉凶徵兆的圖書讖語多是離或合字的點畫。到了宋代謝石等人，才把這類方術視爲專門之學，往往有神奇的效驗。

……

戊子年秋天，我因爲泄漏機密獲罪，案子頗爲緊急，每天有一個軍官相伴看守著我。一個姓董的軍官自說會拆字，我寫了一個「董」字讓他拆。董說：「您要遠戍守邊疆了，而且是千里萬里。」我又寫了個「名」字。董說：「下面是口字，上面是外字的偏旁，這是口外了。日在西邊爲夕，怕是西域吧？」我又問：「將來能夠回來嗎？」他答：「字形像君，又像召，一定會被召還的。」問：「在哪一年回來？」答：「口是四字的外圍，而中間缺兩筆，或是不滿四年吧？今年戊子，到四年爲辛卯；夕字是卯字的偏旁，也相合。」

果然後來在烏魯木齊參預軍事，在辛卯年六月召回京城。大概精神所發動，鬼神能夠相通，人的內在氣機一旦萌生運行，形象先有預兆。這與數蓍草、灼龜殼的事是同一個道理，好像神奇而並不神奇。

其實，在此之前，紀曉嵐就已領教過測字的神奇了。

乾隆甲戌十九年，他參加殿試之後，尚未傳臚唱曉。有一天，他到董文恪公府上走動，適逢在座有一位浙江籍的徐姓文士，善於測字，願替他預測一下殿試的結果。

他本來自忖應試成績不惡，頗有奪魁的厚望，而對於測字一道，認為是雕蟲小技，未必真能據而論斷吉凶。但徐某既然毛遂自薦，為了禮貌，又不便拒絕。他遲疑了一下，正欲提筆，徐某卻又說了話：「且慢！紀兄面帶猶豫，想必不信此道。不過，前朝有一位鼎鼎大名的測字師鬼谷子替崇禎帝測字的事，紀兄可曾聽過？」

「恕在下寡聞。」紀曉嵐被他這麼一問，倒覺得不好意思起來。

「無妨，無妨！」徐某滿面含笑，接著說，「這人當然並非戰國時代蘇秦的老師那位鬼谷先生。他雙目失明，精研測字術，設館京師，每測必驗，名動公卿。」

文恪公在一旁點點頭，插嘴說：「這個人的故事，我小時候聽說過。」

「有一天，他的事傳到了崇禎帝耳裡。」徐某說：「崇禎居然一個人悄悄地微服前往探訪，寫了一個『有』字，請鬼谷子測算。

「『先生測此字要問何事？』鬼谷子問道。

「『國家大事。』崇禎回答。

「鬼谷子聽了，突然用震驚的口氣說：『啊！大明江山去了一半。』（按：大明二字各去一半，合起來正好爲「有」字。）

「崇禎很不高興，隨即解釋：『我說的不是這個「有」字，乃是朋友的「友」。』

「『反賊已出頭矣！』鬼谷子搖搖頭，一副無可奈何的樣子。

「崇幀很懊喪，乃又改口道：『不是朋友的「友」，而是子午卯酉之「酉」。』

「鬼谷子一聽，長歎一口氣，半天沒說話。

「『又怎麼了，你怎麼不說話？』崇禎帝問道。

「『這個字更不吉利啊！』

「『你倒是說說看。』

「『你一定要我說了，可不能傳出去。』

「『有那麼嚴重？』崇禎露出不耐煩的口氣。

「『這是大不敬！』鬼谷子急忙解釋。

「『大不敬？』

「鬼谷子壓低了聲音說：『恐怕至尊將無首無足了。』

「『啊！』崇禎覺得像是被人當頭打了一棒。

「『這「尊」字去頭去尾，不正是「酉」字嗎？』鬼谷子一面說一面比劃。

「崇禎聽了滿腔懊喪，一聲不響地悄然離去。

「後來不久，果然李自成攻陷了京師，崇禎自縊而死。」徐某把兩手一攤，說：

「這可不是我危言聳聽！」

「這麼說，測字倒是頗有一番玄機啊！」紀曉嵐說。

「紀兄如不以我所說爲賣瓜者言，何妨一試。」

紀曉嵐於是提筆寫了個「墨」字說：「就請徐兄測一下這個字吧！」

徐某說：「龍頭竟然不屬於您了。里字拆開爲二甲，下面作四點，那是二甲第四吧？但是必然進翰林院。四點是庶字的腳，士是吉字的頭，這是庶吉士了。」

後來果然如此，他不得不大爲驚服。從此，他對命運之數深信不疑，拋去了年少輕狂。也因此，他對人世間的悲歡離合、福禍喜憂，有了更深層的領悟，不過喜，不大悲，坦然接受命運的安排。鹽引案發後，他被流放西北，在朋友爲他餞行的酒宴上，他談笑風生，若無其事，一副樂觀曠達的樣子。

清代流人的戍所主要集中於東北和西北兩地。西北以新疆爲中心。康熙五十四年，隨著漠北阿爾泰山與巴里坤兩處北路軍營的建立，陸續出現了科布多、烏蘭古木、扎克拜達里克、莫代察罕搜爾、烏里雅蘇台、鄂爾坤及布隆吉爾、安西、巴里坤、哈密、吐魯番等戍所。康熙五十八年後，爲了傳達京師與阿爾泰軍營的軍報與官文書，清廷又決定從殺虎口（後改爲張家口）至阿爾泰的莫代察罕搜爾，設立四十七處軍事驛站，此即軍台。這些軍台，此後一直成爲清廷安置謫戍官員的重要戍所之一。軍台地處荒僻的山野，生活十分艱苦。謫戍官員對軍台的管理與服役，稱爲坐台。他們要交納一定的台費。一般是效力三年即可赦回。

至乾隆二十三、四年，清廷統一天山南北路以後，鑒於巴里坤流人大量增加，又將烏魯木齊、辟展、葉爾羌、伊犁、阿克蘇、喀什等相繼闢爲重要戍所。後來，天山南北路的其它城鎮也陸續安置遣犯。這樣，新疆地區在乾隆年間成爲全國流人最爲集中的地方。上述諸戍所（除軍台外），尤以巴里坤、哈密、安西、烏魯木齊、伊犁最爲重要。

第一批流犯到達這裡時，只見「窮荒大漠，風景寒慘」，即使盛夏，仍然冰雪皚皚。御史孫紹曾遣戍時，他「著戎服，左佩刀，右屬弓矢，帕首褲靴，馳驛走關外。至蘇武牧羊坡、昭君青塚等處」，駐歸化城。該地「嚴寒砭膚，六月見雪，酪漿膻牛，且晚充饑」，苦不堪言。謫戍的人經常死於塞外。

與這些人相比，紀曉嵐是個幸運者。因爲經雍正一朝及乾隆前期的開發，大西北的面貌已大爲改觀。烏魯木齊經十餘年休養生聚，紀曉嵐到戍所時，已十分繁華，人煙稠密，商賈雲集，農業發展，糧價極賤，教育大興，弦歌相聞，歌台舞榭，簫鼓琵琶，繁華到幾乎同於內地。這種情況，在其一六〇首組詩《烏魯木齊雜詩》中也有明顯的反映。詩中有「到處歌樓到處花，塞垣此地擅繁華」之句，又有「夜深燈火人歸後，幾處琵琶月下聞」的字樣。

卻說這天軍中無事，紀曉嵐騎馬出了烏魯木齊城，來到城西的一片叢林中遊覽。

他看這一片茂密的森林老木參天，野花開謝，綿亙數十里，起伏跌宕，滿目青翠，頓感心曠神怡。坐騎在森林中穿行了一個時辰，居然眼前一亮，出現一片空地，中間建有一亭，亭額上題著「秀野」二字。他心想：大概這就是人所言說的秀野亭了。

來到亭前，甩蹬下馬，仰望周圍秀色，心想：「秀野」兩字確是恰切。忽然間感到眼前景色是那麼熟悉，好像以前見過。尋思再三，想起是從一幅畫上見到。那幅畫是在京城時，好友董文恪贈送給他的，題爲《秋林覓句圖》。這眼前的樹木、野花、亭閣，宛如畫中之境，讓人十分驚奇。思忖良久，以爲貶戍新疆，乃是命中注定。這幅畫不正是一種預言嗎？命中如此，不必悲天憫地，自我傷懷，單等回京城，再展宏圖吧……他接著吟道：霜葉微黃石骨青，孤吟自怪太零丁。誰知早作西行讖，老木寒雲秀野亭。

後來紀曉嵐又到新任烏魯木齊辦事大臣巴彥弼幕下充職。巴彥弼早慕他的才名，現在見他果然才學出眾，處事練達，敬慕倍加，遂對他十分體恤，使他成了一位特殊身分的僚屬。這期間公務繁忙，常常通宵達旦，倒使他減少了許多思鄉之苦。

一次，他跟隨巴彥弼到軍台巡視。巴彥弼看到他那細緻認眞的態度，十分高興，心想：怪不得皇上那麼寵愛他。爲此，巴彥弼便把這裡的事交給他代行辦理，讓他留在軍台，自己回到城裡去了。

晚上，紀曉嵐與一位姓梁的副將同住一屋。兩人談到夜深，梁將軍和衣睡下。紀曉嵐取出隨身攜帶的書卷，在燈下閱讀起來。約三更時分，侍從進來報告，有一份緊急文書需要立刻傳遞。紀曉嵐見梁將軍尚在酣睡，不忍叫醒他，便喚軍卒去送。誰知軍卒都已被差遣出去了，身邊的幾個侍從又都不熟悉路途，只好將梁將軍推醒。

梁將軍睡眼惺忪地接到文書，策馬疾馳而去。時間不長，梁將軍回來，說大約行了十餘里，遇到台兵，將文書交給台兵送走了。說完倒頭又睡下了。

第二天，梁將軍起床以後，感到屁股隱隱酸痛，愣愣地想了想，對紀曉嵐說道：「紀大人，你說這事怪不怪？昨天夜裡，我夢見您派我送朝中文書，我惟恐耽誤了，不斷地抽打馬匹，那馬狂奔如飛……」說著他摸摸屁股，「到了這會兒，這臀肉尚有痛楚之感，眞是怪事！」紀曉嵐哈哈大笑，告訴他昨夜的經過。梁將軍不好意思地說：「昨夜之事如夢如幻，這軍中的生活直是把人搞得疲憊不堪啊！」

聽了梁將軍的話，紀曉嵐爲自己的身世遭遇感慨起來，歎息著說：「咳！人生本來就是一場夢啊！我這裡倒有一首詩相贈。」

接著便吟道——

一笑揮鞭馬似飛，

夢中馳去夢中回。

人生事事無痕過，

蕉鹿何須問是非？

辛卯年二月，烏魯木齊傳來發自京城的八百里詔書，命紀曉嵐接旨後即刻東歸。紀曉嵐正渴念親人之際，一下子接到這從天而降的喜訊，立刻高興得手舞足蹈，全然像一個十幾歲的孩子。

高興之餘，想起董某的預言，又感到十分驚奇——董某的預言全部應驗了。事情的發展果然如他所說，尚不足四年啊！他又想起那首《番騎射獵圖》的題詩和那幅《秋林覓句圖》的圖畫，都是事前皆有預兆。事情的發展竟如此巧合！他覺得人生果眞是由於神的主宰，一切早已做了安排，即使本人再有力量，也只是神的賜予、支配，本人是無法改變的。於是他幾乎成爲神的忠實信徒了。

38 方中有圓，圓中有方

一方面，紀曉嵐努力適應周圍環境，盡可能與外在的束縛協調一致；另一方面，他又在圓融中透露出尖銳，在妥協中進行著抗爭，在理智中顯露出情感。他以一個書生、學者的微薄之力，揭露、抨擊世俗的扭曲和醜陋，藉以完成文人濟世的人生追求，同時排遣內心的鬱悶和痛苦，獲得良知的安慰。

他的攻擊性時有表現。魯迅在《中國小說歷史的變遷》中說：「（紀曉嵐）生在乾隆間法紀最嚴的時代，竟敢藉文章以攻擊社會上不通的禮法、荒謬的習俗，以當時的眼光看，真算得很有魄力的一個人。」

紀曉嵐以博學多能顧盼於清中葉學者之林，以精深的學術造詣為世人所傾慕。但他並未耽迷於典籍而不能自拔，反倒以犀利的眼光去觀察現實的社會生活、社會問題，進而提出自己的意見和設想。

對於紀曉嵐思想的這一特色，目光如炬的魯迅有細緻入微的洞察。他說：「紀曉嵐本長文筆，多見祕書，又襟懷夷曠，故凡測鬼神之情狀，發人間之幽微，托狐鬼以抒己見者，雋思妙語，時足解頤……他所做的《閱微草堂筆記》，其材料大抵自造，多借狐鬼的話，以攻擊社會。」

十八世紀的清帝國，「千家笑語漏遲遲」，一派盛世氣象。然而，昌盛孕育著頹敗，繁華掩藏著衰落，在富麗堂皇、笑語歌聲、鍾鳴鼎食與金玉裝潢中，清王朝的內囊已經腐爛，封建社會末期的黃昏已悄然逼近。

對封建末世的潛在危機，紀曉嵐早已有敏感察覺。他冷峭注視現實生活中日益嚴重危害社會整合的問題，在《閱微草堂筆記》中托言於鬼狐，展開犀利的揭露與抨擊。

乾隆時期的一大社會問題乃是吏治廢弛，官常大壞。各督撫聲名狼藉，吏治廢弛。紀曉嵐在乾隆十九年的朝考中尖銳指出：「方今清公守法、約己愛人者，守令之中豈曰無人，然……此千百之一二耳。其橫者毛鷙搏噬；其貪者欲壑不盈；其譎者巧詐售欺；其懦者昏憒敗事。而貴族權門依勢作威者又錯出於其中。一二良吏，恐不能補千百人之患也。」——這正是那一時期吏治狀態的逼眞寫照。

紀曉嵐歷盡宦海風波，對官場的黑暗有深入的了悟。他以入木三分的筆觸，在《閱微草堂筆記》中剝去籠罩於官場上的公正、莊嚴的光圈，展示出層累的污濁和卑劣。

《閱微草堂筆記・灤陽續錄（二）》記一「蕭然寒士」，作令不過十年，而「宦囊逾數萬」。紀曉嵐借鄉黨之語暗示道：「毋乃致富之道有不可知者在乎？」這隱密不可知的「致富之道」顯然是官吏貪婪的「攘奪刻剝」。

《灤陽續錄（二）》中還有一則「法師驅狐」故事：有學茅山法者，劾治鬼魅，多有奇驗。一家爲狐所祟，請往驅除。法師於是整束法器，克日將行。狐見事急，便以大量錢財賄賂。此人得錢之後，不但縱狐爲害，罷手不管，而且「念狐既多金，可以術取。遂考召四境之狐，脅以雷斧火獄，俾納賄焉。」——這眞是一個貪贓枉法的典範。紀曉嵐以「果報」懲治這位法師，更明確點明：「夫操持符印，役使鬼神，以驅除妖癘，此其權與官吏侔矣。受賄縱奸，已爲不可，又多方以盈其淫壑，天道神明，豈逃鑒察。」——其鋒芒所指，無需多言。

《灤陽消夏錄（三）》敘述了這樣一則故事：某公嘗捶殺一幹僕。僕魂附一癡婢，與某公辯曰：「奴舞弊當死，然主人殺奴，奴實不甘。主人高爵厚祿，不過於奴之受恩乎？賣官鬻爵，積金至巨萬，不過於奴之受賄乎？某事某事顚倒是非，出入生死，不過於奴之竊弄權柄乎？主人可負國，奈何責奴負主人？」

在這裡，僕魂所指斥的何止是主人一身，「賣官鬻爵，顚倒是非」實際上是整個官場風氣的寫照——官吏貪贓枉法，必然造成大量冤獄。

《姑妄聽之（四）》中借冥司官吏之口道出官場判案時的相傳口訣：「救生不救死，救官不救民，救大不救小，救舊不救新。」「死者銜冤與否，則非所計也。」「官之枉斷與否，則非所計也。」由此，官吏判案往往是「訴者哀哀，聽者憒憒。」「與豪強訟」的平民只能落得個「理直而弗能伸」的結局。

《如是我聞（三）》中有一司刑名四十餘年的余某，自詡「存心忠厚，誓不敢妄殺一人。」但當他臥病瀕危時，卻有冤魂作厲，指控他「刀筆舞文，曲相開脫……改重傷爲輕，改多傷爲少，改理曲爲直，改有心爲無心」，「遂使兇殘漏網，白骨沈冤」，孤魂飲泣，銜恨於九泉——這正是對那一時期司法黑幕的眞實揭露。

冤假錯案的釀成不僅出之於官吏的「受賄縱奸」，而且與官吏的昏聵無能大有關係。《灤陽消夏錄（四）》中記載，有一位縣令「遇殺人獄不能決……乃祈夢城隍祠。夢神引一鬼，首戴磁盎，盎中種竹十餘竿，青翠可愛。」縣令一覺醒來，爲夢中情景所啓發，於是在判案時，將案情所涉及的祝姓者或姓名中有「節」字者皆作爲疑犯，因爲「祝竹音同」，竹子又有節——這自然是荒謬絕倫。

紀曉嵐對官吏的草菅人命、胡亂判案深爲憤恨。他借狐語云：「爲民父母，但當論其冤不冤，不當問其允不允。」他更直言斥責那些祈夢斷案者：「夫疑獄，虛心研鞫，或可得眞情……若以夢寐之恍惚，加以射覆之揣測，據爲信讞，鮮不謬矣。」然而，他也深知，「虛心研鞫」的治獄在現實生活中根本難以實現。他只能讓那些冤案在虛構的世界中得到昭雪。

正如《如是我聞（四）》中一鬼魂所說：「人間之屈彌甚，則地下之伸彌暢。」我們既可以把這十二個字視爲對弱者的痲痹，也可以將其理解爲一種對現世公義難伸的微弱抗議。

吏治的混亂，往往離不開走卒的爲虎作倀、興風作亂。紀曉嵐借鬼吏之語指出：「其最爲民害者，一曰吏，一曰役，一曰官之親屬，一曰官之僕隸。是四種人，無官之責，有官之權。官或自顧考成，彼則惟知牟利，依草附木，怙勢作威，足使人敲髓灑膏，吞聲泣血。」這確是深刻的觀察和揭露。然而，對於這樣一些爲虎作倀者，平民百姓有冤恨亦無法伸雪、不敢伸雪。因爲，「訟役訟吏，爲患尤大。訟不勝，患在目前；幸而勝，官有來去，此輩長子孫必相報復，患在後日。」寥寥數筆，道出那一時期人民的悲苦與吏治無法擺脫的黑暗。

紀曉嵐看官場，滿眼是險惡的傾軋與布滿機心的陷阱。小人「結黨營私，朋求進取。」「勢孤則攀附以求援，力敵則排擠以互噬。」「勢盛則趨附，勢敗則掉臂如路人。」「翻雲覆雨，倏忽萬端。」

《灤陽消夏錄（六）》以戴東原口述的異聞敘一縣令，「惡仕宦者貨利相攘，進取相軋，乃棄職歸田，歿而祈於閻羅，勿輪迴人世。遂以來生祿秩，改注陰官。不虞幽冥之中，相攘相軋，亦復如此。」他不得已避居於深山岩洞，「雖淒風苦雨，蕭索難堪，較諸宦海風波，世途機阱，則如生刃利天矣。」這眞是陽間的官難爲，陰間的官同樣也不好做，做了鬼還要找一個鬼跡罕至的深山岩洞去做個鬼隱士。紀曉嵐對於「宦海風波，世途機阱」眞可以說是深痛惡絕。

官場的傾軋不休，必然造成「不可勝言」的流弊。對於這種情勢，身爲個中人的紀曉嵐有獨到之觀察。

他在《灤陽消夏錄（五）》中借「文昌司祿之神」的口指出：「其強悍者必怙權，怙權者必狠而愎；其孱弱者必固位，固位者必險而深。且怙權固位，是必躁競，躁競相軋，是必排擠。至於排擠，則不問人之賢否，而問黨之異同；不計事之可否，而計己之勝負。」人性因而發生深刻的異化，官場更形污濁不堪。這確是洞悉底蘊的深入剖析。

既無法寄希望於政府司法部門懲治貪贓枉法之官吏，他只好假手於「天道」與報應來申張人民自行懲治貪官污吏的合理性——

貪官墨吏，刑求威脅之財；神奸巨蠹，豪奪巧取之財；父子兄弟，隱匿偏得之財；朋友親戚，強求詐誘之財；黠奴幹役，侵漁乾沒之財；巨商富室，重息剝削之財；以及一切刻薄計較、損人利己之財，是取之無害。罪惡重者，雖至殺人亦無害。其人本天道之所惡也。

這眞是一段痛快淋漓的議論。在對貪官污吏的憎惡與抗議中，紀曉嵐不自主地突破了正宗儒者固有的思想軌道。

對於「人心世道」的救治，紀曉嵐不僅以老辣圓融的筆墨，將社會上人情世態種種扭曲或醜陋的現象無情地加以揭露與抨擊，而且盡可能在現實行動中表現出來。

在兵部尚書任上，紀曉嵐曾督師赴粵。一天晚上，他和一位王姓棋友下棋。他的棋藝本不如王某，這一晚卻連勝兩局。心中正感奇怪，意欲動問，王某卻已開口：「貴屬劉鼎臣承蒙紀大人器重，感戴至深，如今有個請求，托兄弟代陳，不知該不該說？」

「噢！原來這就是你今晚輸棋的原因。」紀曉嵐面露不悅之色，「你說吧！」

「唔！」王某小心翼翼地說：「劉兄想謀陽朔縣縣令，希望紀大人鼎力成全。」

「想做縣令，還要選地方？哪有這麼如意的事？」紀曉嵐語中帶著譏訕。

「紀大人乃是當今朝廷的重臣，聖眷隆渥。如肯出面保薦，想必不成問題。」王某陪著一副諂媚的笑臉，說出這幾句恭維之詞，顯然是事先準備好了的。

紀曉嵐站起身子，背剪雙手，搖搖頭說：「倘若官可自擇，在下寧肯放棄一品大員不幹，做一名陽朔令，於願足矣！」

「紀大人眞會說笑話！」王某不相信他的話。

紀曉嵐正色說道：「這是我的肺腑之言，絕不是同你說笑話。」

「這是爲何？」王某不解地追問。

「陽朔山水，秀甲天下！」紀曉嵐說：「我閱兵時過陽朔遊覽，至今仍夢寐不忘，若是能爲陽朔令，置身畫山繡水之間，其樂無窮，何復他求？」

王某囁嚅著還想再說什麼。紀曉嵐冷冷說聲：「不必再講了！」說畢拂袖而入，從此不再跟王某下棋。

屬吏劉鼎臣聽說了這回事後，自慚形穢，便辭職離去了。

〈全書終〉

國家圖書館出版品預行編目資料

智行天下 下卷，方志野 主編 -- 初版 --
新北市：新視野 New Vision, 2023.05
冊；　公分 --
ISBN 978-626-97013-8-4（上卷：平裝）
ISBN 978-626-97013-9-1（下卷：平裝）
1.CST：（清）紀昀 2.CST：傳記
782.875　　112002403.

智行天下 下卷

主　　編　方志野
製 作 人　翁天培
出　　版　新視野 New Vision
製　　作　新潮社文化事業有限公司
　　　　　電話 02-8666-5711
　　　　　傳真 02-8666-5833
　　　　　E-mail：service@xcsbook.com.tw
印前作業　東豪印刷事業有限公司
印刷作業　福霖印刷有限公司

總 經 銷　聯合發行股份有限公司
　　　　　新北市新店區寶橋路 235 巷 6 弄 6 號 2F
　　　　　電話 02-2917-8022
　　　　　傳真 02-2915-6275

初　　版　2023 年 7 月